元財務大臣
政務官が語る!

アベノミクスの正体

崩壊寸前!

安全保障と経済政策を
国民の手に取り戻す!

参議院議員 税理士
公認会計士 行政書士
おだち源《もと》幸《ゆき》

水王舎

はじめに

安倍政権の発足から3年が経ち、アベノミクスの失敗が徐々に明らかになってきました。カンフル剤であった「異次元の金融緩和」が功を奏さず、経済成長率は下を向いたままです。成長戦略も見るべきものはなく、東京以外の地方は疲弊した状態が続いています。このまま本当に消費税増税が実行されるのか、はなはだ怪しい雲行きになってきました。

この失敗は、「経済成長がすべてを癒す」式の古い発想から抜け出せていないことが原因です。すでに日本は成熟社会に突入しています。経済政策や社会保障制度も成熟社会に即したものに改革・転換しなければなりません。それによって、負担を将来世代に残さない仕組みを作らなければなりません。それができてはじめて、日本は新しい時代に入るのだという希望が国民にも生まれるのです。

戦前生まれの国会議員は全国会議員の中で1割を切っています。今回の安保関連法案の議論でも、戦争を実際に経験していない国会議員によって議論されていることにある種の危うさを感じました。ただ、戦争の悲惨さを直接知らなくても、平和の大切さを聞き、継承し、想像することはできます。私も戦後世代ですが、子どもの頃、シベリアに抑留された祖父たちから戦争や抑留生活の悲惨さを聞いたり、両親の実家の柱に残る米軍機による機銃掃射の跡を見たり、父の故郷・鹿児島知覧の特攻平和会館や沖縄を訪れることで、なんとしても平和を守らなければとの信念を持っています。

安保関連法案については、多くの怒りの声を皆さんからいただきました。特に、これまで政治に無関心といわれていた若い人たちが、平和を守るために立ち上がってくれました。にもかかわらず、立憲主義や民主主義を否定して恥じない政治家が政権を動かしている状態は、考えれば考えるほど異常で恐ろしいことです。

私は、税理士・公認会計士として監査法人で勤務し、独立開業を経て、40歳で政治の世界に足を踏み入れました。12年間、財政・金融・税を専門として、民主党政権時代には財務大臣政務官を務めました。これまでのように、「あれもこれもやります」といって有権者の歓心をかうのが右肩上がりの時代の政治家だとするならば、現状をシビアに分析し、新しいビジョンを示すのが現代の政治家の役目です。場合によっては、私たち今を生きる大人が少しずつ我慢し、子どもや若者が夢や希望を持って生きていけるような社会にしていかなければなりません。また、私の地元大阪は、外国人観光客で賑わっているとはいえ、府民の生活はけっして楽ではなく、少子高齢化はますます進み、子どもたちの育ちや学びの環境も厳しくなっています。いわば課題山積の日本の縮図です。まさに「ほっとかれへん！　大阪。」です。これらの課題の解決策の提示をこの本で試みました。安倍政権のどこが間違っており、日本はどちらに進むべきなのか、私なりの答えを出したつもりです。ぜひご一読ください。

参議院議員　おだち源幸

目次

第1部 アベノミクスの正体

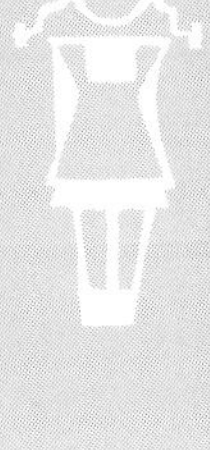

第2部 安保法案の正体

第3部 アベノミクスを超えて

エピローグ 日本と大阪を元気に！

プロローグ

安倍総理の米国議会演説

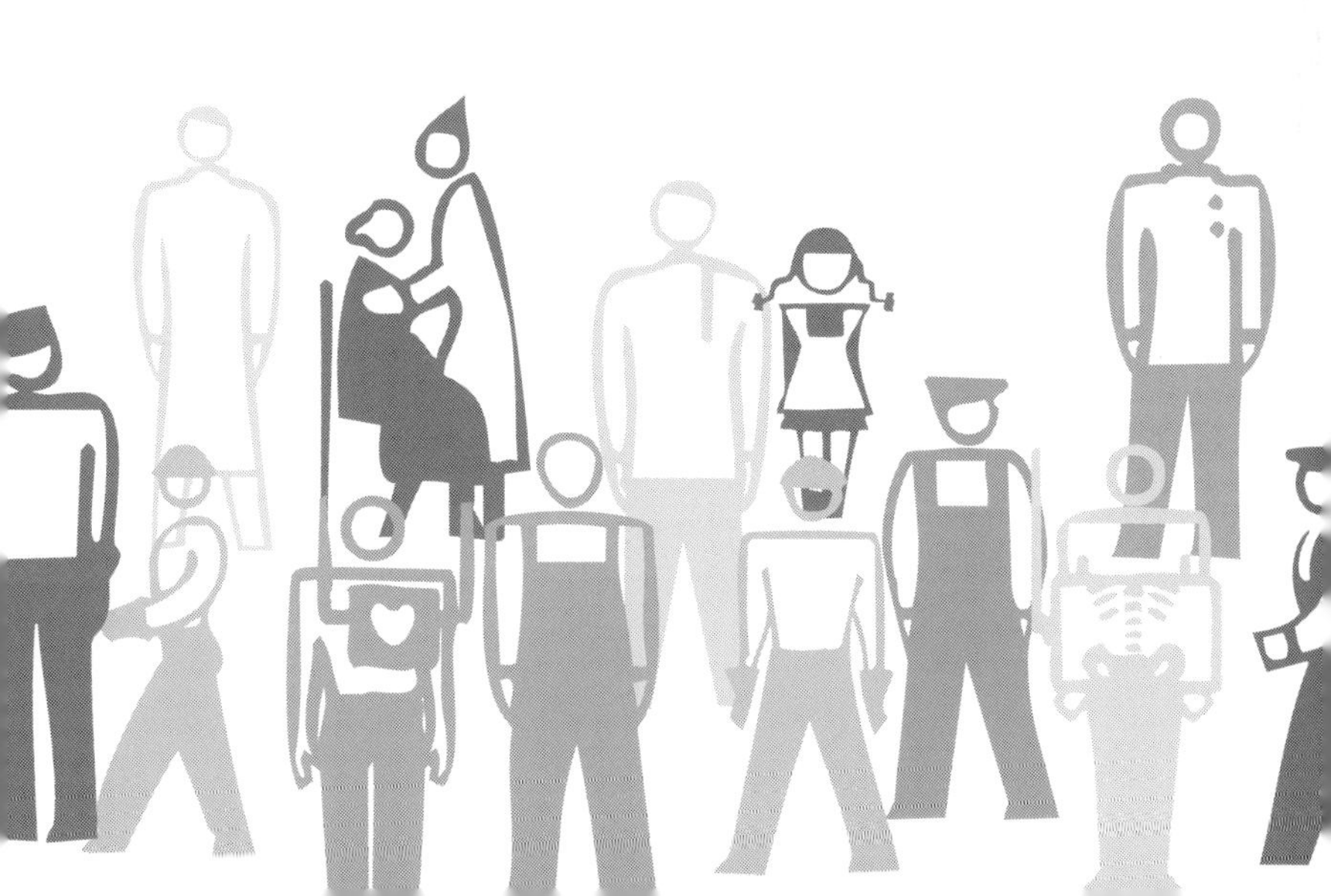

①「夏までに法案成立させる」という米議会演説

２０１５年４月、安倍晋三首相は、かねてから念願であった、米国議会での演説を行いました。念願だったというのは、１９５７年の６月に当時の首相だった祖父・岸信介氏も同じ演台に立っていたからです。日本の首相としては初めて上下両院合同会議に招かれた安倍首相は、日本に民主主義をもたらしてくれたアメリカに感謝の辞を述べるとともに、ＴＰＰの締結に邁進することに続けて、次のようなことを述べています。

「私たちは、アジア太平洋地域の平和と安全のため、米国の「リバランス」（再均衡）を支持します。徹頭徹尾支持するということを、ここに明言します。（中略）日本はいま、安保法制の充実に取り組んでいます。実現のあかつき、日本は、危機の程度に応じ、切れ目のない対応が、はるかによくできるようになります。この法整備によって、自衛隊と米軍の協力関係は強化され、日米同盟は、より一層堅固になります。それは地域の平和のため、確かな抑止力をもたらすでしょう。戦後、初めての大改革です。この夏までに、成就させます。」

２０１５年秋に成立した安全保障関連法で、日本は戦後の国是でもあった個別的自衛権から集団的自衛権の行使容認へと大きく舵を切りました。本人が戦後初めての大改革というように、ほとんどの憲法学者が違憲だと見なし、国民の間でも反対の声が多く、連日国会前でデモが繰り広げられたのは、記憶に新しいでしょう。その強行採決は国民の間に禍根を残し、これから違憲訴訟が次々と起こされていくことでしょう。

こうした、国を二分する問題について、自国で議論をする前に、すでにアメリカに対して「夏までには」などと期限を切って約束していたのです。

安倍首相の頭の中では、自国の国民に対する説明よりも、アメリカ政府、国防省に対するご機嫌取りの方がよほど大事だったのでしょう。

②オスプレイの請求書が回ってきた

この米国議会での演説料は、実に高いものにつきました。安倍首相が日本に帰ってくるや否や、アメリカ政府は、垂直離着陸輸送機のオスプレイ17機と関連装備を日本に売却すると議会に通知しました。総額で30億ドル（約3600億円）なりです。

第2次政権の発足以来、安倍首相は55か国を訪問し、歴代首相最多と誇っていますが、そのたびに、各地で多くの財政支援を約束しており、その額はこの3年間で実に30兆円にも上っています。

安倍首相を米国議会に招いたアメリカ政府も、その見返りとしてオスプレイの代金を弾いていたのは、想像に難くありません。

③アベノミクスとは一体なんだったのか

２０１２年12月に発足した安倍政権は、経済政策重視で「アベノミクス」を掲げスタートしました。

アベノミクスとは端的に言えば、「デフレ経済を克服するためにインフレターゲットを設定し、これが達成されるまで大胆な金融緩和措置を講ずるという金融政策」です。

長引くデフレからの脱却を謳い、年率２％の物価上昇を目指したのですが、3年経ってみて、結果はどうでしょうか？

異次元の金融緩和によって、確かに株価は上昇し、円安となり、一部の輸出企業は潤いました。しかしそれによって、みなさんの生活は少しでも楽になったでしょうか？　後ほど詳しく解説しますが、この3年間で、富める者はますます富み、それ以外のかつて中流と呼ばれた層などは、ますます厳しい状況に追いやられています。期待された「トリクルダウン」はなく、格差がとめどもなく広がり続けています。

安倍政権の経済政策は、どうやらアメリカ型の新自由主義的な価値観に傾倒しているようです。自己責任を強調した、格差を容認する弱肉強食の社会です。

そして、約1000兆円ともいわれる借金を背負った日本国の財政はどうなっているのでしょうか？　日銀はせっせとお札を印刷して、国債を購入しましたが、異次元の金融緩和とはあくまで時間稼ぎであり、その間に国民経済が持ち直していなければとんでもない副作用を引き起こします。そのことについては、政府も日銀も何の説明もしていません。

④アベノミクスと安全保障関連法をつなぐもの

みなさんは、「年次改革要望書」の存在をご存知でしょうか？　日本政府とアメリカ政府が改善が必要と考える相手国の規制や制度の問題点についてまとめた文書で、１９９４年から２００９年まで日米政府の間で交わされ、一時民主党政権の時に途絶えましたが、現在は「日米経済調和対話」と名前を変えて続いています。

この年次改革要望書を見ると、アメリカの思惑通りに日本のアメリカ化が進んでいることに慄然とします。

建築基準法の改正、法科大学院の設置、著作権保護期間の延長、裁判員制度の導入、司法制度改革、独禁法の強化、労働者派遣事業の規制緩和、郵政民営

化などは、アメリカ側の要望が実現した例です。

安倍内閣が、アベノミクス成長戦略の一環として取り組んでいる、ホワイトカラーエグザンプション（高度プロフェッショナル制度、又の名を「残業代ゼロ」制度）もアメリカからの要望に沿うものです。

アメリカが自国の都合のいいように日本に対して法律改正を要求し、日本側はなんの抵抗もなくそれを受け入れてきたのです。アベノミクスもその流れの中に位置しています。

同じことが、安保関連法案でも起きました。こちらは「年次改革要望書」ではなく、「アーミテージ・ナイ報告書」です。２０１２年にアーミテージ元国務副長官とナイ元国防次官補らが共同執筆したもので、日本の安全保障政策についての要求を連ねたものです。

「米軍と自衛隊のシームレスな協力」「集団的自衛権の行使容認」「ホルムズ海峡の機雷掃海」「南シナ海の警戒監視活動」「ＰＫＯの駆け付け警護」など、ここに書かれた要求のほとんどが、今回の安保関連法案に実現しており、これまた背筋が冷たくなる思いがしました。

これ以外にも報告書では、「特定秘密保護法の制定」や「武器輸出三原則の撤廃」などにも言及しており、安倍政権はこれらすべてについて実現してきました。

アベノミクスも安保関連法案も、アメリカからの強い意向抜きには存在すら考えられません。アメリカに絶対的な忠誠を誓う安倍首相にとっては、「国民を守る憲法」よりも「アメリカのご機嫌」のほうが大事なのです。

⑤日本人が指針を持つために

本書で私は、この3年間の安倍政権の政策、主にアベノミクスと安全保障政策について、メスを入れます。これは、批判のための批判ではありません。今後、日本という国を誰もが安心して暮らせる住みやすい国にするために、一人一人が考えるための座標軸を提案するためです。

安倍政権が発足してすでに3年が経ちました。このところ、国民の皆さんから「無力感」という言葉をよく聴くようになりました。とめどもなく広がり続ける経済的な格差、これだけ大勢の国民が反対する安保関連法案が通ってしまう、どれだけ声を上げても変わらない政治に対して、無力感を覚えるというのです。

安倍首相は、「この道しかない」ということをよく口にします。それだけ決意が固いということを示したいのでしょうが、他の選択肢について目を閉ざしている、あるいは国民に他の道があることを知らせたくないのでしょう。

他にベターな選択肢があるということを示すのが、政治家の役割です。少子高齢化がすでに進行している日本にとって、本当に幸せな道はどっちなのか、安倍政権に代わるビジョンを示したいと思います。

第1部

アベノミクスの正体

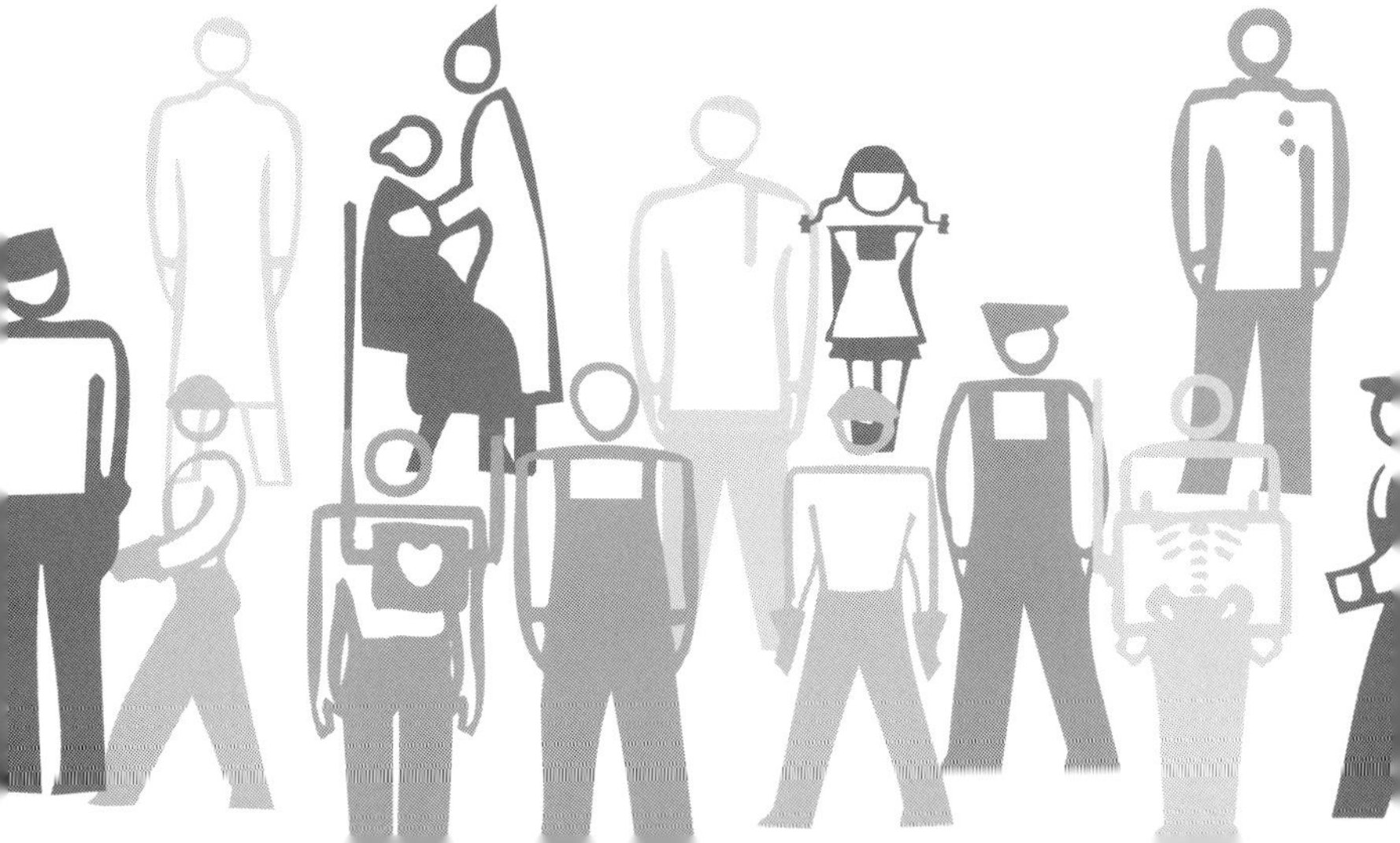

①アベノミクスとは何か？

２０１２年12月、第２次安倍政権が発足し、安倍首相は自らの名をかぶせた経済政策である「アベノミクス」を発表しました。

アベノミクスとは、首相官邸のホームページによれば以下の通りです。

〝どれだけ真面目に働いても暮らしがよくならない」という日本経済の課題を克服するため、安倍政権は、「デフレからの脱却」と「富の拡大」を目指しています。これらを実現する経済政策が、アベノミクスです。〟

安倍首相はアベノミクス実現のために「３本の矢」を政策の目玉に挙げました。「３本の矢」は、それぞれ「大胆な金融政策」「機動的な財政政策」「民間投資を喚起する成長戦略」であり、その中身は次の通りとしています。

第1の矢　大胆な金融政策
金融緩和で流通するお金の量を増やし、デフレマインドを払拭
第2の矢　機動的な財政政策
約10兆円規模の経済対策予算によって、政府が自ら率先して需要を創出
第3の矢　民間投資を喚起する成長戦略
規制緩和等によって、民間企業や個人が真の実力を発揮できる社会へ
これによって持続的な経済成長（富の拡大）を実現し、国内総生産（GDP）の成長率を3％に載せる

という目標を掲げています。

官邸ホームページによれば、

〝すでに第1の矢と第2の矢は放たれ、アベノミクス効果もあって、株価、経済成長率、企業業績、雇用等、多くの経済指標は、著しい改善を見せています。また、アベノミクスの本丸となる「成長戦略」の施策が順次実行され、その効果も表れつつあります。〟

図1

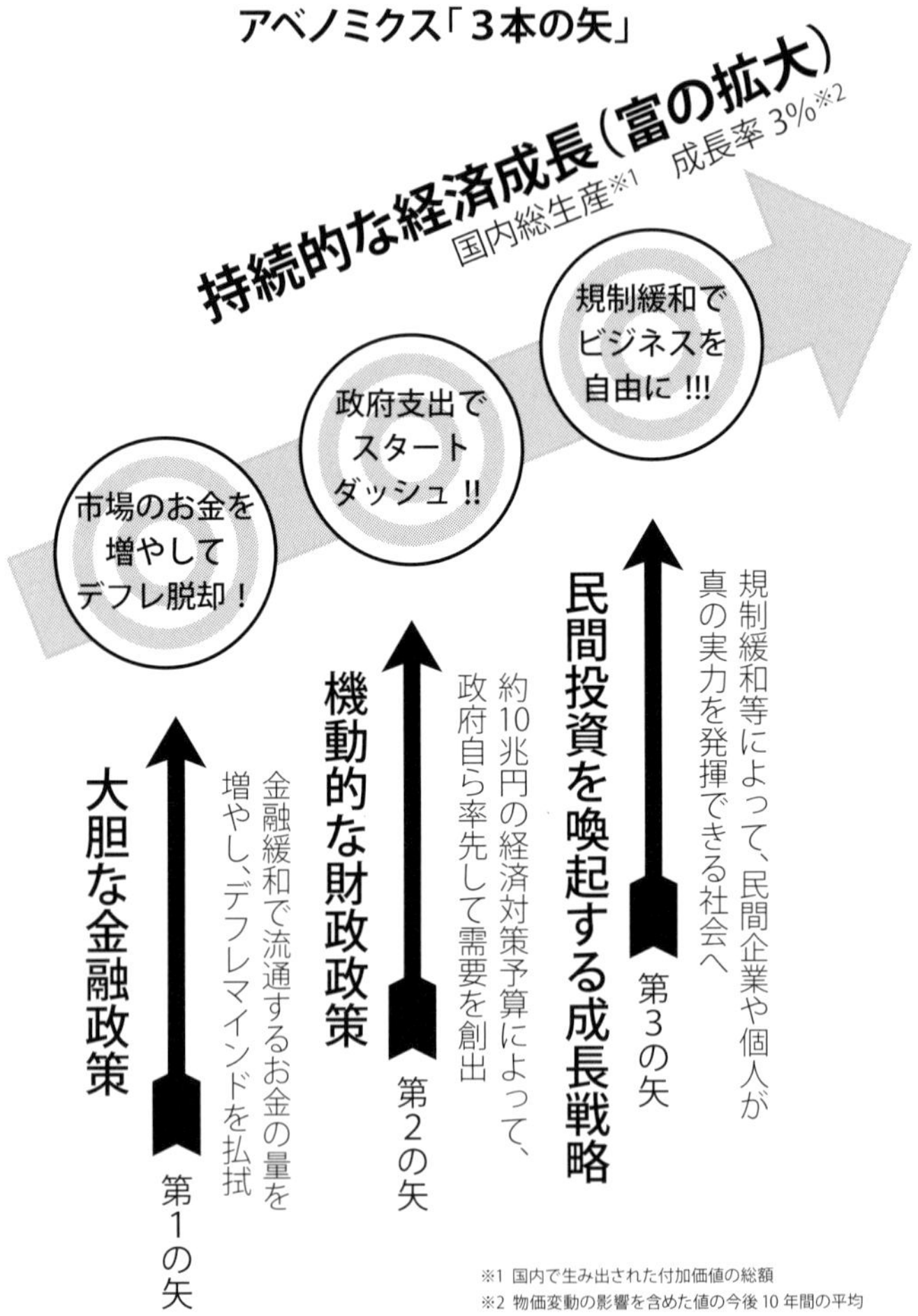

（官邸ホームページより作成）

〝アベノミクスによって、企業の業績が改善され、雇用の拡大や所得の上昇につながり、さらなる消費の増加をもたらす「経済の好循環」を実現し、景気回復の実感を全国津々浦々に届けます。〟

と手放しで自画自賛です（図1）。

まとめ

アベノミクスとは何か？

○アベノミクスとは「デフレ脱却」のために政府と日銀が一体となって行う金融政策である

②アベノミクスは具体的には何をやったのか？

●**大胆な金融政策**

日銀は2013年4月、黒田新体制下で、「質的・量的金融緩和」、別名「異次元金融緩和」の導入を決定しました。その骨子は、

1　長期国債など、市場からの資産買入れを大幅に増やす（長期国債のグロス買入れ額は毎月7兆円強）

2　これにより、マネタリーベースの量（2012年末約138兆円）を2年間で2倍程度に増やす

3　以上を通じて、2年程度のうちに消費者物価上昇率2％の「インフレ目標」の達成を目指す

というものでした。実際の日銀のマネタリーベース（銀行券発行高、貨幣流通高および中央銀行当座預金の合計）がいかに異常なものか、他国との比較をグラフにしましたので、ご覧ください（図2・図3）。

●機動的な財政政策

安倍政権が行った財政政策とはイコール公共事業を増やすことで、地域経済を活性化させたり雇用を増やしたりすることを目的にしています。安倍内閣の補正予算を見てみると約13兆円の内訳、東日本大震災の復興・防災対策に3兆8千億円、地域の安全のため（通学路の充実など）に3兆1千億円、再生医療の支援に3兆1千億円となっています（図4）。

●民間投資を喚起する成長戦略

3本目の矢が成長戦略なのですが、本丸という割には具体性のある政策が示されたわけではありません。規制緩和で経済を活性化させようという掛け声は

図 2

マネタリーベース

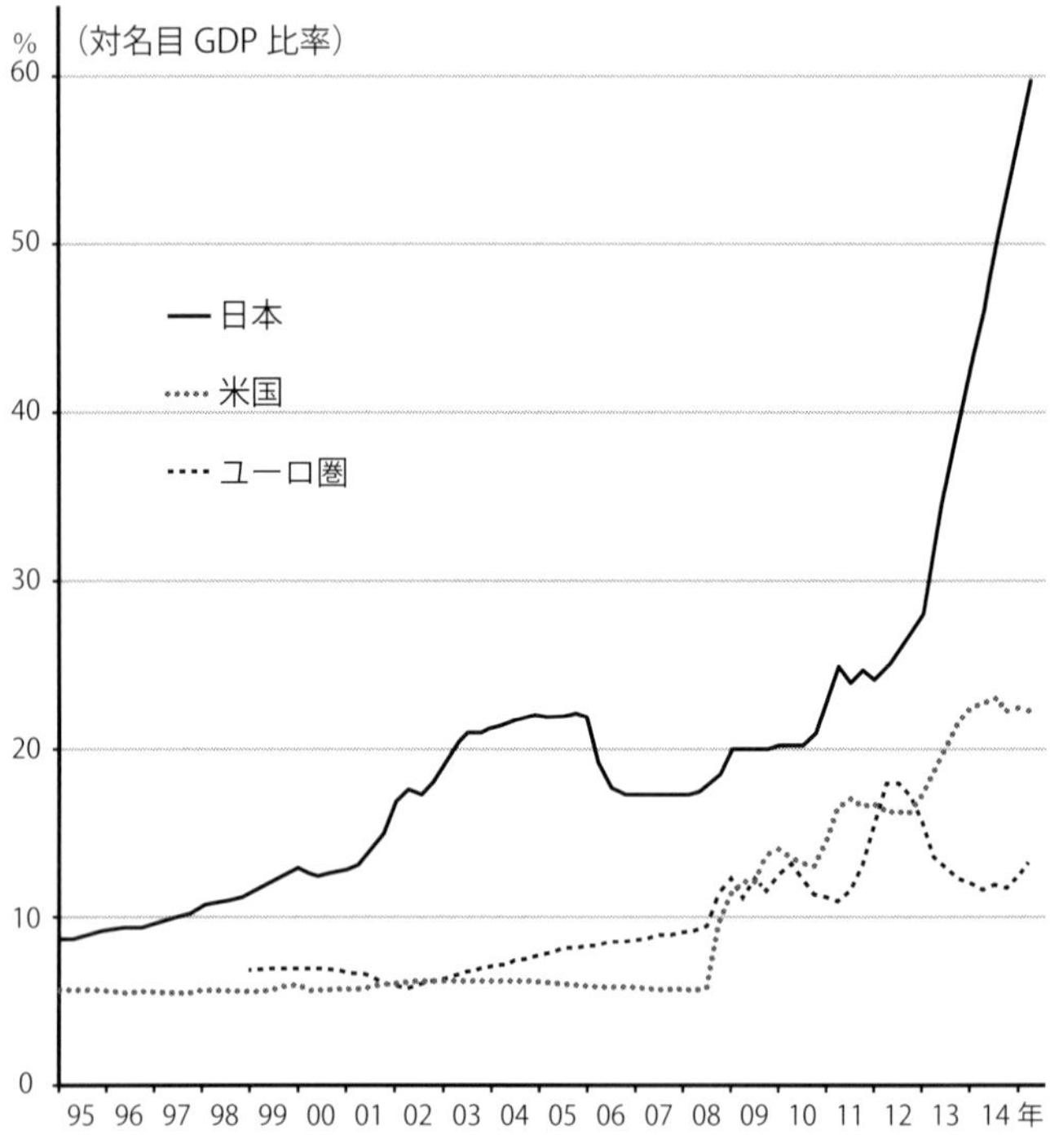

（注）マネタリーベースは、銀行券発行高、貨幣流通高および中央銀行当座預金の合計
（資料）内閣府、日本銀行、FRB、BEA、ECB、Eurostat

図3

マネタリーベースと長期国債保有残高の推移

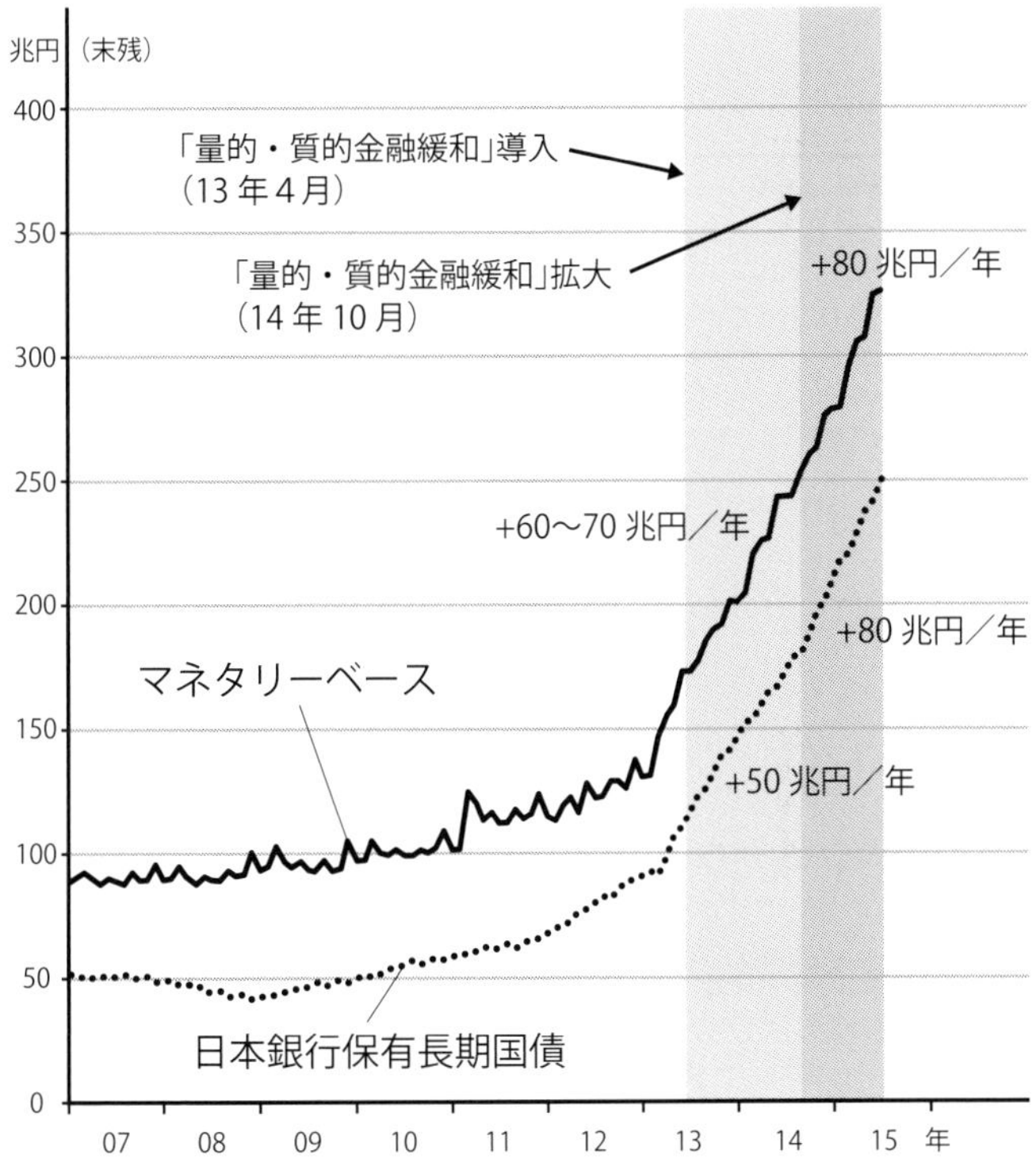

図4

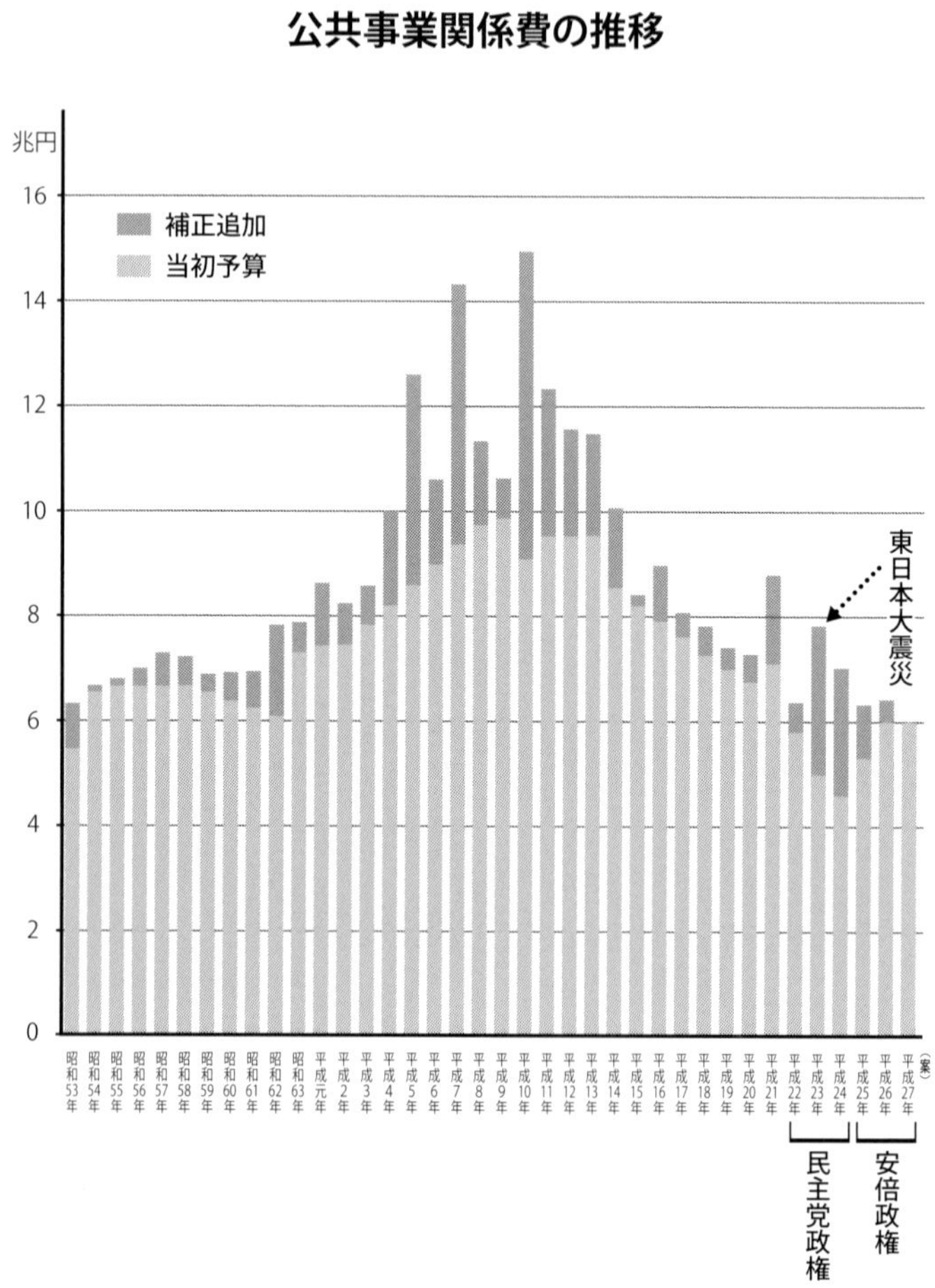
公共事業関係費の推移
兆円
16
14
12
10
8
6
4
2
0
補正追加
当初予算
東日本大震災
昭和53年
昭和54年
昭和55年
昭和56年
昭和57年
昭和58年
昭和59年
昭和60年
昭和61年
昭和62年
昭和63年
平成元年
平成2年
平成3年
平成4年
平成5年
平成6年
平成7年
平成8年
平成9年
平成10年
平成11年
平成12年
平成13年
平成14年
平成15年
平成16年
平成17年
平成18年
平成19年
平成20年
平成21年
平成22年
平成23年
平成24年
平成25年
平成26年
平成27年（案）
民主党政権
安倍政権

ありますが、実際に手を付けたのは労働市場の自由化と法人税の引き下げでしょうか。

これはどちらも企業側にとっての規制緩和です。労働市場の自由化については、派遣法を改正するとともに、ホワイトカラーエグザンプション（高度プロフェッショナル制度、又の名を「残業代ゼロ」制度）や解雇の金銭解決を提唱しています。いつでも労働者を解雇する「自由」、どれだけ働いても残業代を払わない「自由」を企業側に与えようという訳です。

法人税については、復興特別法人税を1年前倒して2014年3月に廃止し、同4月からは法人実効税率を2・4%引き下げました。さらに、数年で法人実効税率を20%台まで引き下げることを目指し、2015年度には、2・51%引き下げ、32・11%にすることを決定しました。さらに2016年度には、31・33%まで引き下げを行うとしています。

以上を概観すると、財政政策も成長戦略も実は特筆するものはありません。

「アベノミクスとは異次元の金融緩和のことである」と、言い切っても構わないでしょう。

まとめ　アベノミクスは具体的には何をやったのか？

◯異次元の金融緩和により、貨幣流通量を2年間で2倍にしました
◯成長戦略には見るべきものがありませんでした

③アベノミクスで日本経済はどうなったの？

●株は上がった、円安になった、大企業も利益を出した

アベノミクスによって、日本経済はどう変化したのでしょうか。安倍政権以前と2015年9月時点の経済指標で見てみましょう（図5）。

とにかく株高・円安になって、一部の輸出企業に大幅な利益をもたらしました。これは紛れもない事実です。

官邸のいう、好循環では、この後に雇用が増え給料が上がり、消費が促進されるはずですが、そこはどうでしょうか。きちんと検証していきましょう。

図5

アベノミクスの前と後　経済指標で比較

実質 GDP (年率換算)	2012年10〜12月 517.1兆円	↗	2015年7〜9月 528.7兆円(1次速報)
※参考(民主党政権)	2009年7〜9月 489.6兆円	↗	2012年10〜12月 517.1兆円

民主党政権では5.62%の成長
安倍政権では2.24%の成長

日経平均株価	2012年12月25日 1万80円	↗	2015年9月24日 1万7571円
円相場 (対ドル)	2012年12月25日 84円79銭	↘	2015年9月24日 119円93銭
消費者物価指数 (前年同月比)	2012年12月 マイナス0.2%	→	2015年7月 0.0%
完全失業率	2012年7月 4.3%	↘	2015年7月 3.3%
正規労働者数	2012年4〜6月 3370万人	↘	2015年4〜6月 3314万人
非正規労働者数	2012年4〜6月 1775万人	↗	2015年4〜6月 1953万人
実質賃金指数 (前年同月比)	2012年12月 マイナス1.9%	↘	2015年6月 マイナス3.0%
貯金ゼロ世帯の割合	2012年 26.0%	↗	2014年 30.4%
国と地方の借金	2012年度末 932兆円	↗	2015年度末見通し 1035兆円

●円安をメリットと感じている企業はたったの7%

大企業を中心とする輸出企業の収益は円安により改善した一方で、食品や繊維・アパレルなど、原材料を輸入に依存する業界への影響は大きく、中小・零細企業を中心に円安倒産が4期連続で増加しています（図6）。

また直接、海外と取引のある企業だけでなく、間接的に輸入製品や原材料を利用している企業にも大きな影響が出ています。

帝国データバンクのアンケートによれば、円安の業績への影響について、46・2%の企業がデメリットの方が大きいと回答を寄せています。メリットの方が大きいと答えたのはたったの7・2%に過ぎません。「円安で史上最高益」を出した一部の大企業ばかりがニュースでは取り上げられますが、実際には円安を歓迎している企業は少数派なのです（図7）。

国内展開が中心の内需型企業にとっては、円安は原材料費コストが上昇し、利益を押し下げる要因でしかないのです。また、円安で利益が出なくなった企業の多くは、採算確保の手段として、販売価格を値上げするとともに、人件費

図6

「円安関連倒産」の推移

の抑制に走る傾向にあるようです。

日本の企業の99・２%は中小企業で、その多くは内需型企業です。また被雇用者のおよそ70%は中小企業に勤めています。多くの国民が過度な円安を歓迎しない理由がここにあります。

●２%の物価目標はどうなった

日銀の黒田総裁が２０１３年から始めた「異次元の金融緩和」は、そもそもデフレを退治して、日本経済を上昇スパイラルに乗せるためのもので、「２年で物価上昇率２%」を掲げていましたが、３年経った今、その結果はどうでしょうか。

図7

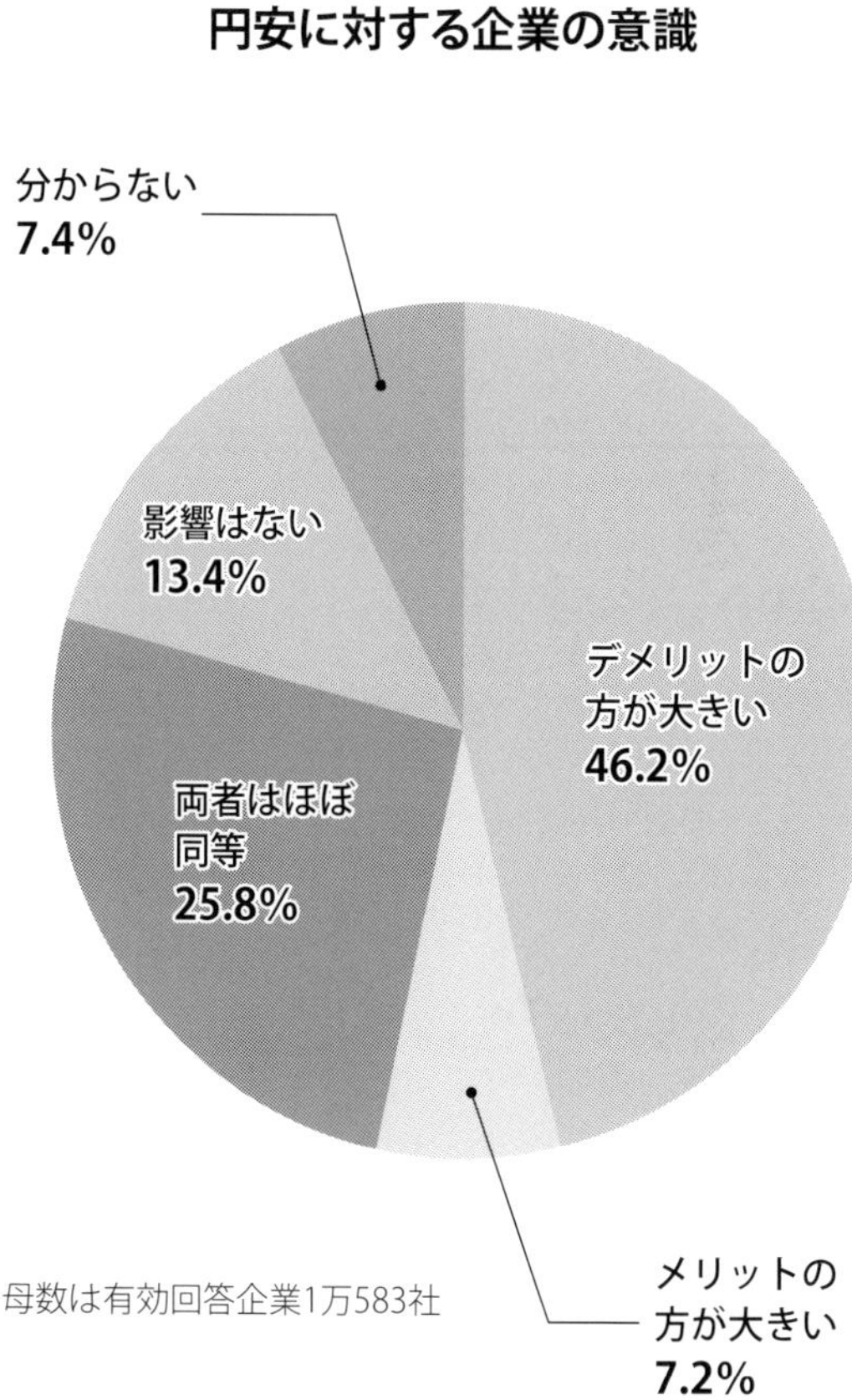

(注):母数は有効回答企業1万583社

(帝国データバンク調べ)

２０１５年10月30日、日銀は金融政策決定会合で、前年比２％上昇の物価目標を達成する時期を、２０１６年度前半頃から２０１６年度後半頃に先送りしました。先送りは2度目で、目標の２％には程遠い状況と言えます。２％どころか、生鮮食品を除く消費者物価の上昇率は前年比でマイナスに陥っています。円安の影響で輸入物価は上昇していますが、次項に見るように賃金が上がらないので消費が抑制され、物価上昇を妨げていると見られています。

●実質賃金は減り続けている

株価とは対照的に、実質賃金は下がり続けています。グラフにあるように、２０１０年平均を１００とする実質賃金指数は下がる一方で、一向に回復する様子を見せません（図８）。

２０１２年と２０１３年を比較すると、年収１０００万円以上の人が14万人増えた一方で、年収２００万円以下の人が30万人増加しています。

貯金ゼロ世帯の割合も、２０１２年の26％から２０１４年には30・４％に増

図8

実質賃金指数の変化
（2010 年平均を 100 とする）

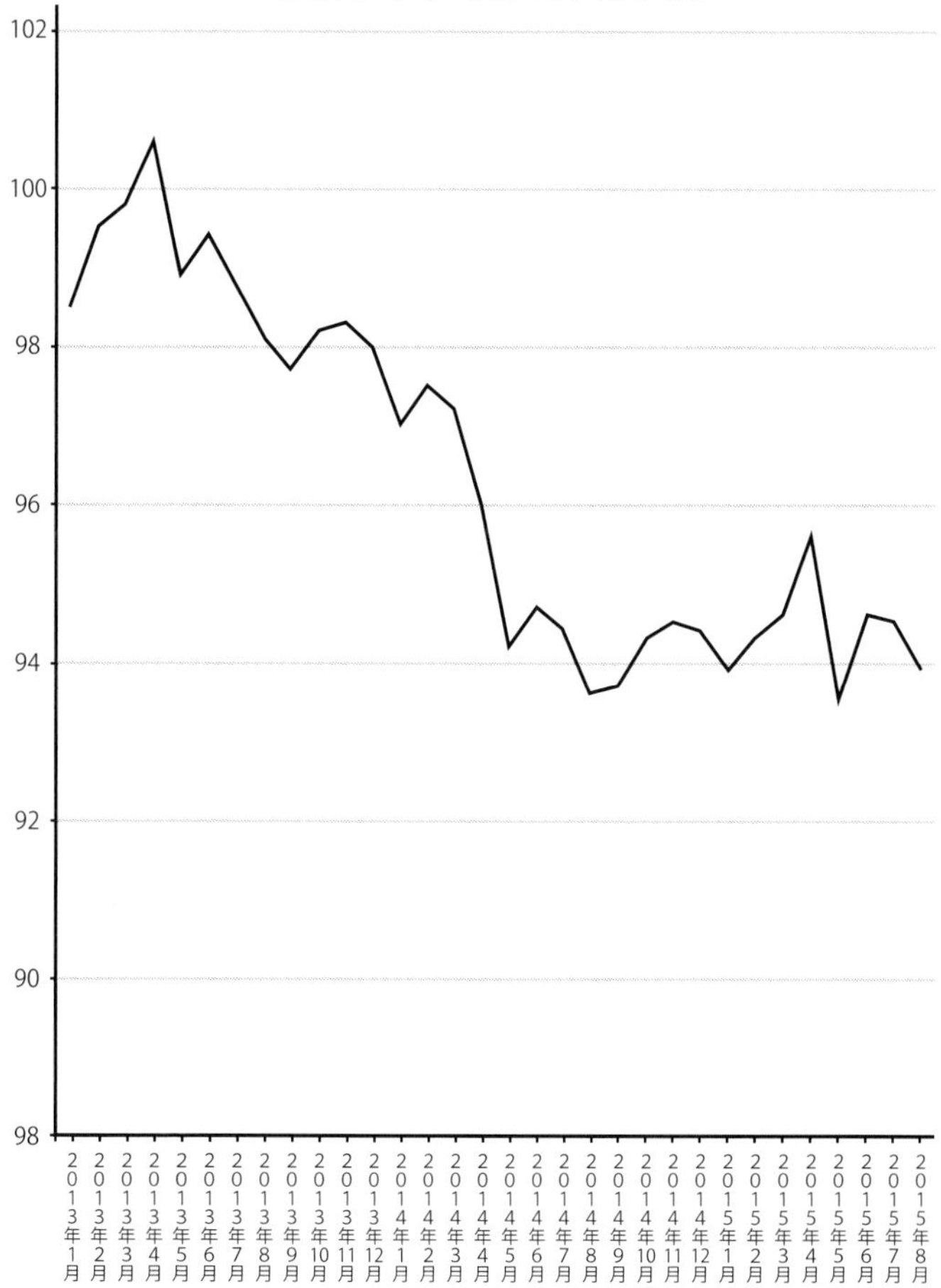

え、国民の3割は貯金がゼロという驚くべき事態となっています。

貧富の格差がこの3年間で解消されるどころか、ますます広がっていくばかりです。

2014年に行われた「国民生活基礎調査」によれば、世帯の生活意識の項目では、「大変苦しい」と「やや苦しい」が合わせて62・4%となっており、国民の6割が生活苦を感じているという数字が出ています。

その中でも、高齢者世帯よりも児童のいる若い世帯の方がより厳しい状況にあると感じられているようです（図9）。

●正社員が減って非正規社員が増大した

2015年9月、安倍首相は自民党総裁に再選された際の会見で「アベノミクスで雇用は100万人以上増えた」と強調しましたが、実際には、2012年に3370万人だった正規労働者数は2015年には3314万人に減り、非正規労働者数は同じく2012年では1775万人だったのが、2015

図9

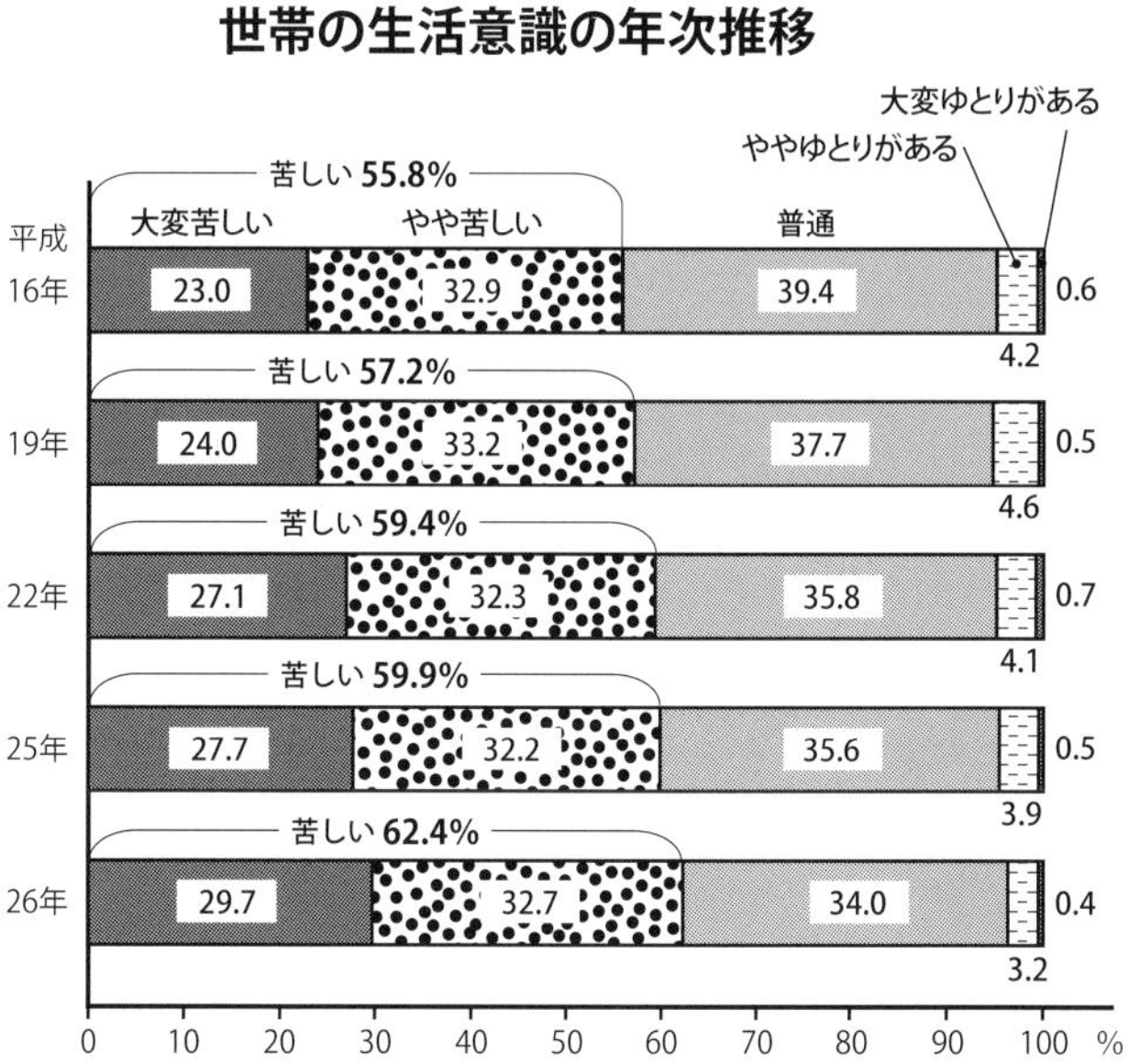

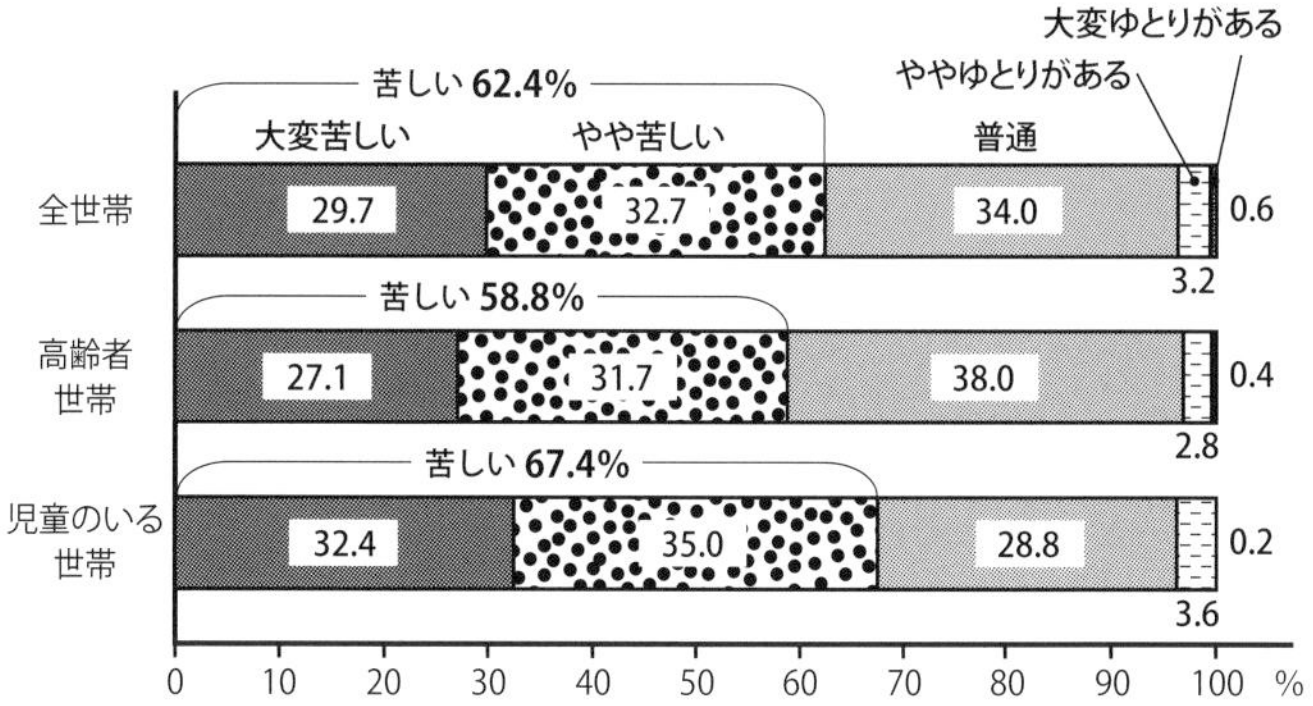

（国民生活基礎調査　平成 26 年）

年には1953万人に増えています。正社員が56万人減って、非正規社員が178万人増えたのです。

さらに、新たに成立した改正労働者派遣法においては、企業が人を代えれば同じ仕事を派遣社員に任せ続けられるようになるため、現在いる正社員を派遣社員に置き換えることが容易になり、ますます派遣社員化が進むとみられています。

年収200万円以下の人が増加していると前述しましたが、非正規社員が増加するごとにこの人数は増えていくのです(図10)。

非正規社員が増加していることについて、内閣は「多様な働き方を選択する人が増えている」などと分析していますが、バカにするのもいい加減にしろと言いたくなります。

図10

広がる格差

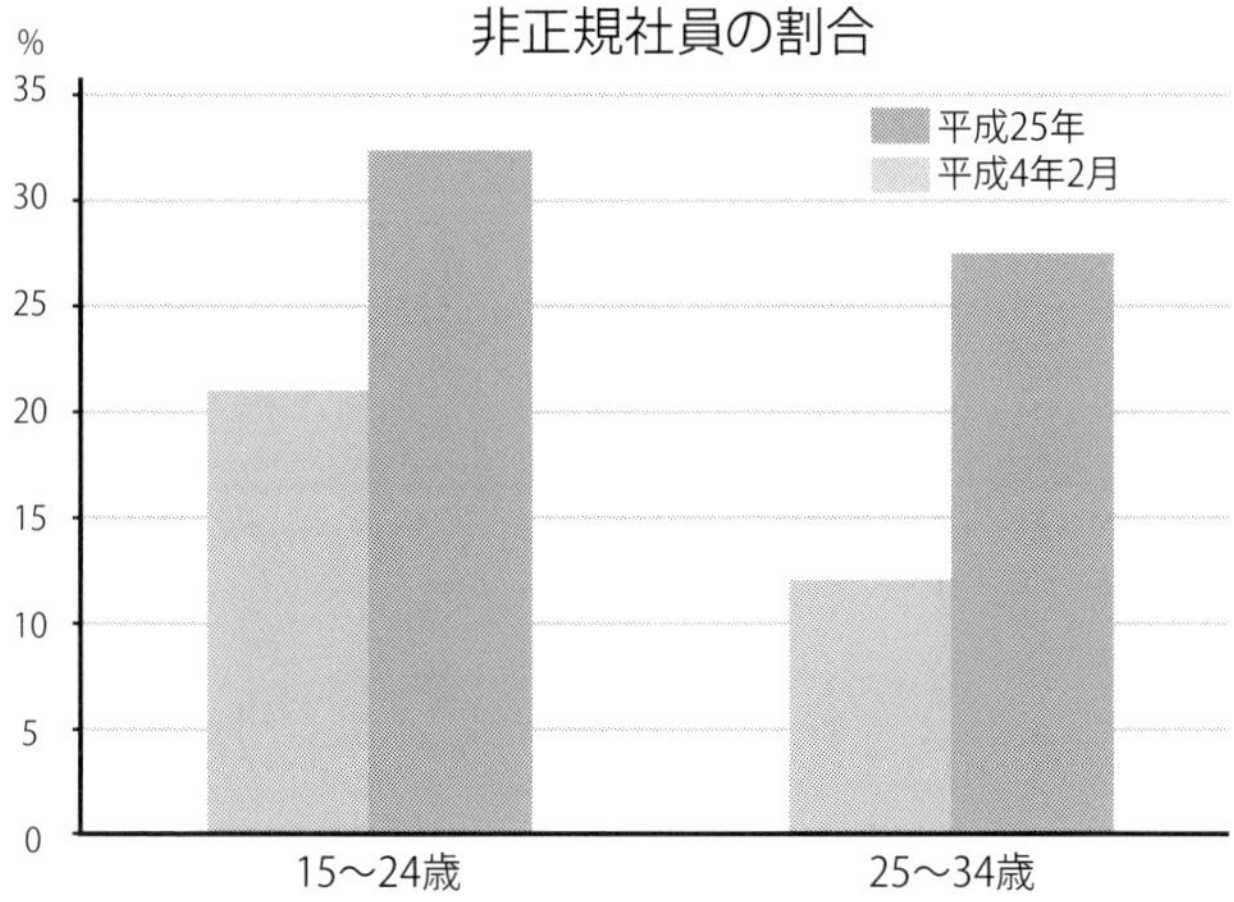

（厚生労働省　労働力調査）

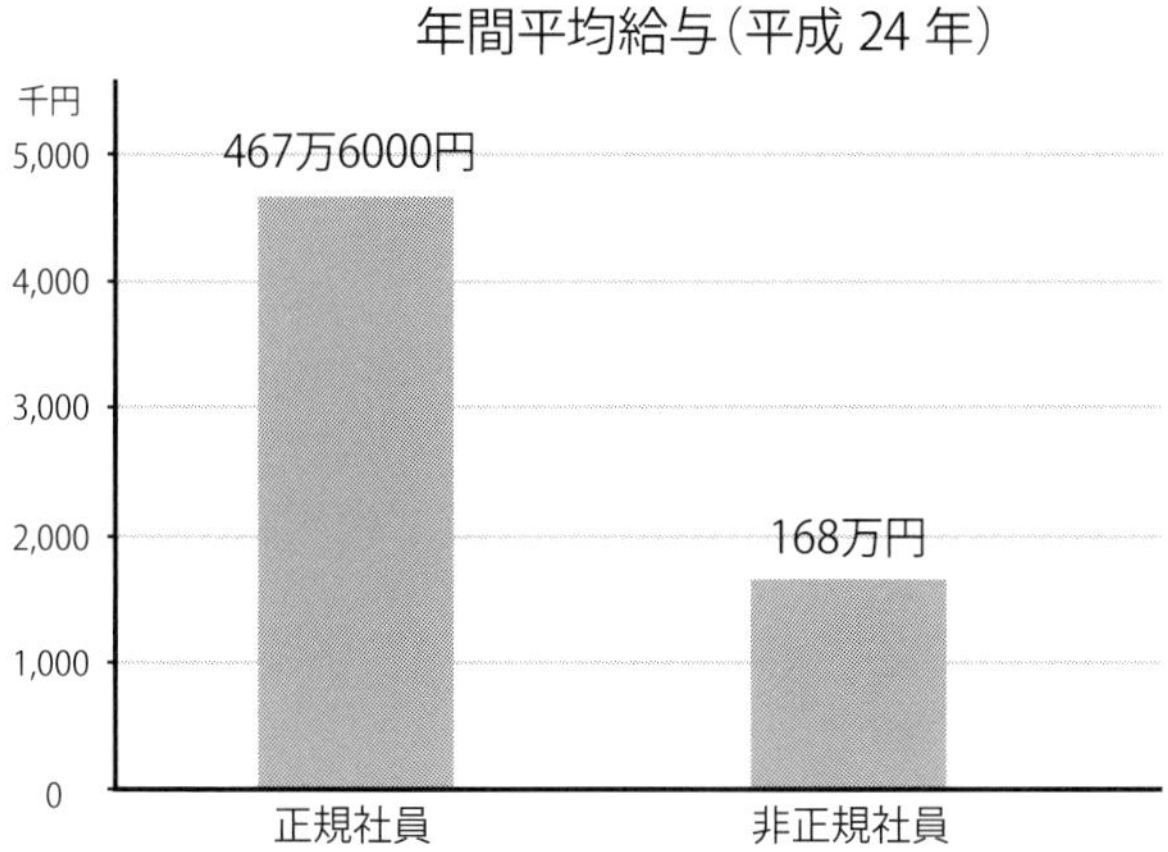

（国税庁　民間給与実態調査）

まとめ　アベノミクスで日本経済はどうなった？

○株は上がり大幅な円安になり大企業は利益を出しました
○しかし、２％の物価目標は達成できていません
○円安は中小企業を苦しめ、市民生活でもメリットはありませんでした
○この２年間で実質賃金は下がり、正社員が減り、低収入の非正規社員が増えました

④アベノミクスのここがおかしい！

●トリクルダウン(シャンパンタワー)の嘘

アベノミクスによれば、豊かな者（大企業や投資家）が利益を上げれば、それが回り回って一般の人にも富がしたたり落ちるという、トリクルダウンの発想をしていますが、実際には企業は内部留保を増加させるだけで（図11）、勤労者の賃金はいっこうに上がりません。

金融緩和で恩恵を受けた経済界に対して、政府は「官民対話」と称した圧力で、賃上げや設備投資を促していますが、これには企業経営者からも要らぬお世話だと異論が出ています。

高度成長期の日本では、確かにトリクルダウンは起こりました。企業の成長

図 11

内部留保の推移

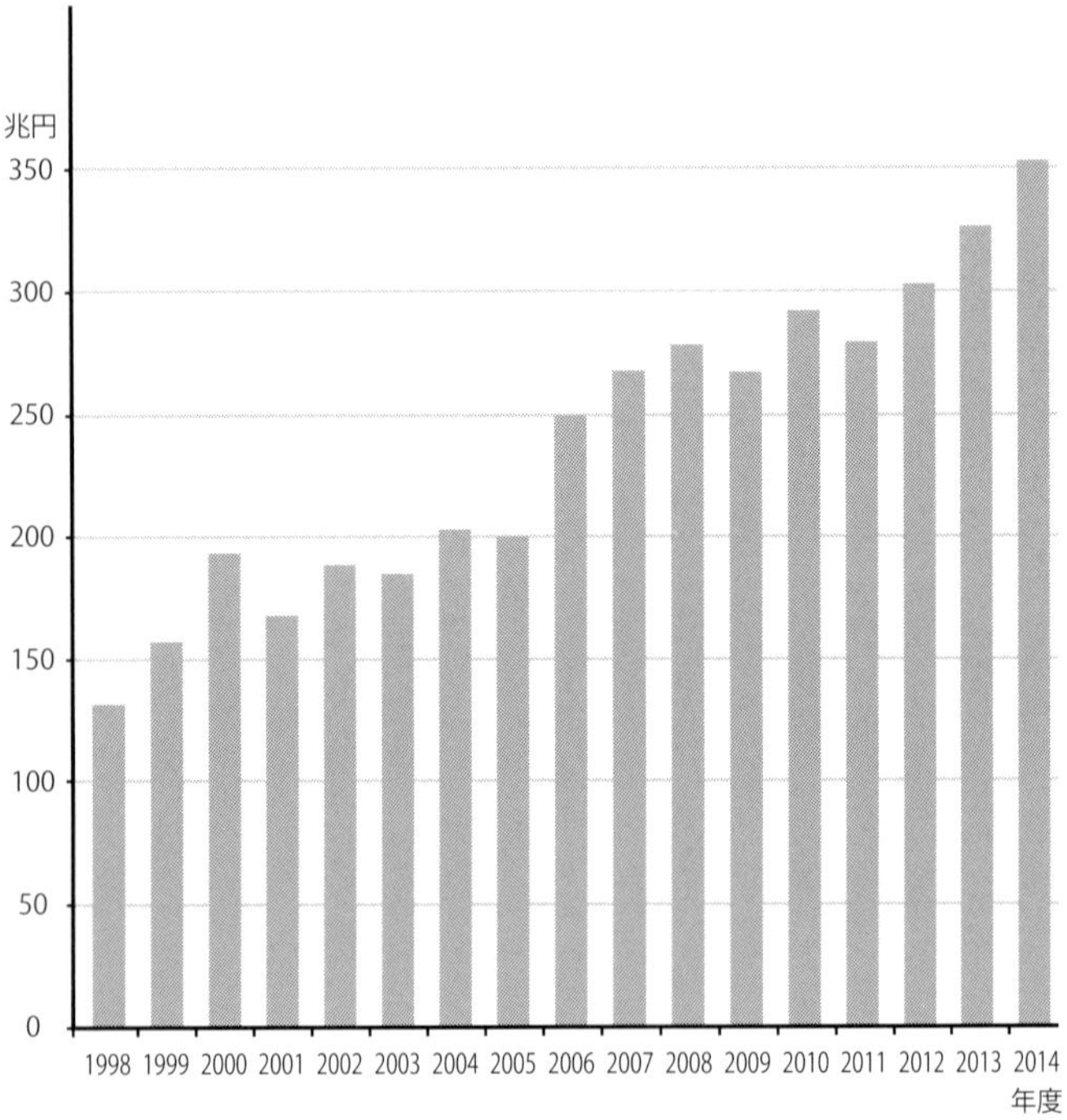

（出典）法人企業統計年報（金融業、保険業を除く）
（注）内部留保（利益剰余金）＝利益準備金＋積立金＋繰越利益剰余金

に伴って従業員の給料も右肩上がりで増え、消費が活発化して経済も活性化しました。現在の中国やアジアの新興国でも同じことが起こっているでしょう。

では、なぜ今の日本ではトリクルダウンが起きないのか。起きるはずがありません。なぜならここ数年、企業は労働者の賃金コストをカットした分を利益として計上しているからです。売り上げが増えない状況下で、従業員の賃金カットが企業の利益の源泉になっているのです。かつてのように、企業と労働者が比例して成長するのではなく、労働者が貧しくなればなるほど企業が潤うという構造に変化しているので、トリクルダウンなど望むべくもありません（図12）。

「円安」の本当の意味についても言及しておきましょう。円安で輸入物価が上がったことにより、国民の負担が増えました。一方で輸出企業は多大な利益を確保しました。このことは一般の国民から輸出企業への富の移転が行われたことと同じことなのです。国民から目に見えない税をとって、企業に補助金を出したとも言えます。

図 12

トリクルダウンはなかった!!

●アベノミクスは気合エコノミー

日銀の黒田総裁は、デフレ脱却のための金融緩和政策の効果について、「人々の期待に働きかけることによって、消費が活発化する」と述べました。

実際に物価目標が達成されていない現在では、このコンセプトは誤りであったことが判明しています。

彼らのロジックはこうです。

日銀がガンガン市場から国債を買い上げる

⬅

世の中に出回るお金の量が増える

⬅

日銀が金融緩和政策を行っているということを人々が認識をする

⬅

遠からずインフレが起きると人々が予想するようになる

⬅

モノやサービスの価格が上がると人々が予想する

⬇

人々は値段が上がる前に購入を急ぐので消費が活発化する

なんだか、風が吹けば桶屋が儲かる式の考え方ですね。これのどこに間違いがあるのか。そもそも、ハイパーインフレにでもならない限り、買い急ぐ理由などないからです。食料品は買いだめができないし、衣料品などのファッションは流行がありますし、電化製品も今買うより来年の方が機能が進化しているかもしれません。急いで買う理由なんてないのです。

実際、「人々の期待に働きかける」という割には、人々はそうは考えませんでした。日銀の調べによれば、２０１４年12月の時点で、物価が「上がるだろう」と答えた人の割合は、政権交代時よりは増えましたが、２００８年時点の物価上昇予想の割合よりも少なかったのです。超金融緩和でマネタリーベースを2年で2倍にした効果はほとんどありませんでした。

●株高は官制相場その1　国民の年金がリスクにさらされている

日銀が金融緩和によって、国債を買い入れるということは、民間が国債を買わなくてもいい、逆に国債を売れる状況になり、お金が市場に溢れだしました。その結果どうなったのかと言うと、そのお金は株式市場に向かいました。その額、およそ5兆4千億円です。

株高を演出した張本人として、GPIF（年金積立金管理運用独立行政法人）の存在が指摘されます。

GPIFは厚生労働省所管の独立行政法人で、日本の公的年金のうち、厚生年金と国民年金の積立金の管理・運用を行っています。この法人の目的は、「年金積立金の管理及び運用を行うとともに、その収益を国庫に納付することにより、厚生年金保険事業及び国民年金事業の運営の安定に資すること」となっています。実際の運用は野村グループやゴールドマン・サックスなど国内外の金融機関に委託しています。

GPIFは国民から預かった130兆円余りを運用しているのですが、

図 13

GPIFの資産運用割合の変化

	国内債券	国内株式	外国債券	外国株式	短期資産
資産構成割合	60%	12%	11%	12%	5%
乖離許容幅	±8%	±6%	±5%	±5%	−

↓

	国内債券	国内株式	外国債券	外国株式
資産構成割合	35%	25%	15%	25%
乖離許容幅	±10%	±9%	±4%	±8%

２０１４年11月、安倍内閣はアベノミクスの成長戦略の一環として、ＧＰＩＦの資産運用方針を見直し、運用構成割合の目標値を国内債券35％、国内株式25％、外国債券15％、外国株式25％に変更すると発表しました。また国内株式はプラスマイナス9％、海外株式はプラスマイナス8％の幅が認められています。それまでは、60％を日本国債などの「国内債」で安定運用していたものを、株式メインへと劇的に転換したわけで、最大で67％が株式に投資される可能性があります（図13）。

運用目標値は金額ではなく割合（％）

ですから、株安が続いて日本株の占める比率が所定の数値を下回ると、目標値まで買いを入れることになります。つまり下がれば下がるほど買いを入れるわけで、結果的にＧＰＩＦは株式市場の安定化装置的な役割を果たしているとも言われています。

株式比率を大きくしたことのリスクはどう捉えればよいのでしょうか。グラフは、日経平均とＧＰＩＦの収益率を重ね合せたものです。２００８年のリーマンショックでＧＰＩＦも大きな損失を蒙りました。大きな落ち込みにみえますが、このときはまだ国内債券中心だったので赤字も約９兆３０００億円に止まっているのです。これが現在の資産構成割合であれば約26兆２０００億円の赤字が見込まれるだろうと安倍政権自身が試算しています。

国民の虎の子の財産が、大きなリスクにさらされているのです（図14）。

図 14

日経平均株価とGPIFの収益率

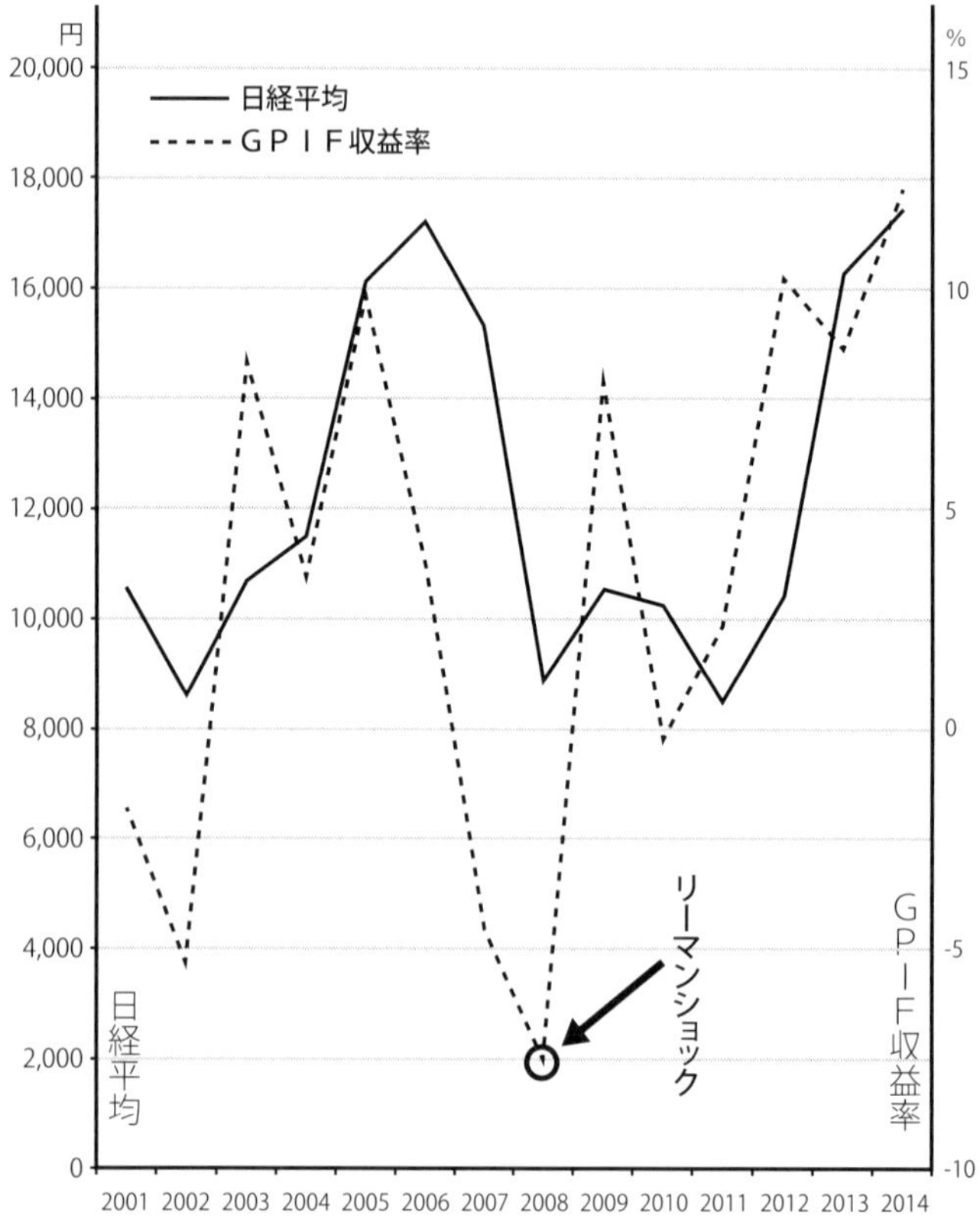

●株高は官制相場その2　日銀によるETFとJ—REITの買い支え

日銀は、2014年10月末に決定した追加緩和で、国債とETF（指数連動型上場投資信託）、及びJ—REIT（不動産投資信託）の保有額を拡大しました（図15）。

この日銀のETFの購入は明らかに株価の下支えを目的にしていると指摘されています。日銀のETF購入は、決まって、日経平均株価の前場終値が前日終値を下回った営業日の8割近くに達しているからです。

午前中に株式相場が下がったと見るや、日銀が市場に介入してくるという構図です。これを称して「官制相場」と言います。

このような操作により日本の株価は維持されているわけで、本来、企業の収益に応じて上がり下がりするはずの株価が日銀によって歪められているという指摘もあります。

このまま年間3兆円の規模でETFを購入したとすると、2016年末には日銀のETF保有残高は9・8兆円にも達します。

図 15

日銀の国債・ETF・J-REIT保有残高

（単位：兆円）

	12年末	13年末	14年末	15年7月末	今後の年間増加ペース
マネタリーベース	138	202	276	326	+約80兆円

バランスシート項目の内訳

長期国債	89	142	202	249	+約80兆円
ETF	1.5	2.5	3.8	5.7	+約3兆円
J-REIT	0.11	0.14	0.18	0.24	+約900億円

J－REITに至っては、日銀が市場に占める割合が10％を超えており、一人のプレーヤーがこれほどまでに市場で寡占してしまうと、市場の健全性が疑われても仕方がないでしょう。

「日銀が買う」というアナウンス効果で、「だから下がらないだろう、乗ってしまえ」というのが、投資家の思惑なのです。このような形で支えられている株価は、いつかクラッシュしてもおかしくないのです。

●日銀の抱える爆弾

日銀による「異次元の金融緩和」は、

別名「出口のないバクチ」です。

安倍政権は本来2015年秋に予定していた消費税増税（10％）を2017年4月に先延ばししました。その政策決定会合で、日銀の黒田総裁は増税先延ばしに反対の意を示したと言われています。自分たちが金融緩和で時間を稼ぐ間に早く財政健全化の道筋を示してほしかったのです。結局、安倍政権は2016年夏の参議院選挙を乗り切るために、増税先延ばしを決定し、黒田さんも従わざるを得ませんでした。

日銀による大規模な国債の買い入れは、二つの問題を抱えています。

第一に、日銀は国債を買い続けることをやめることができるのか

第二に、日銀は抱え込んだ国債を売却できるのか

という問題です。

現在、日銀はこれまで240兆円規模で国債を買っていますが、年間80兆円ずつ買うとすると、数年で500兆円を超えてしまいます。

これをいずれかの時点で売らなければなりません。

財政が健全化しないと、すでに国債の格下げがあったように、国債の値段が下がる恐れがあります。日銀は抱え込んだ国債を安値で売らざるを得ないという局面が想像できます。値を下げないと買い手が現れないからです。

その損失の責任を誰がとるのでしょうか？　結局、その損失は、株高を演出するためのコストに他ならないというのが、私の考えです。

今は損失は目に見えませんが、その損失があらわになった時、国民がこれを負担することになるのです。これは確実に起こってくることなのです。

日銀が損失を出すということは、資本金を食いつぶすわけですから、日銀の存在そのものが危機になります。中央銀行ですから潰すわけにはいきません。どうにかして助けなくてはなりません。つまり公的資金の導入です。

実際には途中で売るという選択はできないので、満期保有という形になりますが、今度は満期償還のためのお金を用意するために、政府はまた国債を新たに発行しなければなりません。そこで買い手が現れなければ国債の暴落というパターンです。

日銀は10年物の長期国債から、最近は20年物、30年物の超長期国債を購入しています。出口を先延ばし先延ばししている状態ですが、これから30年の間に、また同じように大量に国債を買い入れる状況になることは容易に想像されます。

黒田総裁は現在の金融緩和は時間稼ぎだと言っていますが、それでも現在の状況から、元の日銀の姿に戻るまでには7～8年かかるはずです。その間に経済危機があったらどうするのでしょうか?

売るに売れない状態で、国債の価格だけが下がっていき、損失がどんどん膨らんでいく、これが「日銀が抱える爆弾」です。

例えば300兆円で10%の損失が出れば30兆円です。日銀の純資産は4兆円程度ですから、完全に債務超過に陥ってしまいます。

現在の株高を演出するためのコストは、将来的に大きなリスクを残すことになったのです。

国債の値段が下がるということは、利率が上がるということです。今ですら、国債の利払い費に国の予算96兆円から9兆円を支出していますが、ただでさえ財政が苦しいのに、国債の金利が1％から2％に上がるだけで、利払い費は倍増してしまいます。

そうなれば、真っ先に社会保障費が削られることになるでしょう。

●後戻りした財政政策

アベノミクス第2の矢である「機動的な財政政策」ですが、これは民主党政権時代に比べて、完全に後戻りしてしまいました。

民主党政権時代は、一括交付金と言って、使う目的を縛らないで地方にお金を交付する仕組みを作りました。地方のことは地方に任せるという意味がありました。それを安倍政権は、旧来の自民党的なやり方に戻して、全部公共工事のひも付き補助金にして渡すようにしました。

誰のためにこんなやり方をしたかと言えば、官僚と族議員です。予算を握った彼らの権限を大きくし、天下り先を設けるための仕組みに後戻りしてしまったのです。

これでは日本経済は活性化しません。既得権を持つ勢力にしかお金が流れないからです。

公共工事に投資する本来の意味は、例えば10兆円投下したならば、それで経済が活性化して40兆円規模の経済効果になり、そこから税金で投下した10兆円が戻ってくるというのが、望ましい形です。

また、作った橋や道路によって地域経済が潤うというのも、長期的に見た公共工事の意義です。これは何年かかってもいいわけです。

しかし、現在「工事」によって直接的にも長期的にもそのような効果は見込まれなくなりました。かつてのような新幹線や高速道路を作って日本経済全体が活性化した時代ではないのです。かえって、建物や構造物はメンテナンスにお金がかかることから、マイナスの効果しかありません。

そもそも膨大な借金を抱える日本の財政は、安倍政権によってさらに危機的な状況になりました。不要な公共事業をやめ、行政改革にも取り組むなどして、財政を持続可能なものにする必要があります。

●誰のための成長戦略？

アベノミクスの第3の矢「成長戦略」ですが、労働市場の自由化がその目玉でした。派遣法が改正され、、ホワイトカラーエグザンプション（高度プロフェッショナル制度、又の名を「残業代ゼロ」制度）や解雇の金銭解決もその一環で提案されています。

労働市場の自由化と言うと聞こえはいいのですが、結局は「首にしやすい」環境作りがその本質でした。これも、経団連あたりからせっつかれたのでしょうが、大企業に都合の良い規制緩和でしかありません。

確かにデンマークや北欧では日本よりはるかに雇用の流動性が高いと言われていますが、その裏には社会としてきちんと職業訓練などを行い、次の職場にスムーズに移れるような仕組みを作っています。

日本では、雇用上の地位も守られず、自由化に必須の職業スキルも得られないわけですから、自己責任の名のもとに正社員から非正規社員へとまさに「円滑に流動化」していくだけなのです。

●アベノミクス第2ステージ「新3本の矢」はただのポエム

安倍首相が総裁選で再選された後に提唱した、アベノミクス第2ステージの「新3本の矢」は、「希望を生み出す強い経済」「夢をつむぐ子育て支援」「安心につながる社会保障」でした。これには首を傾げた人も大勢いることでしょう。まだしも「異次元の金融緩和」のほうが具体性があり、イメージできました。

ポエム企業という呼び方があります。サービス業や介護の世界で多いのですが、「夢」や「やりがい」や「絆」といった耳に心地良い言葉を連発して、若者を低賃金で雇用し長時間労働を強いている企業のことを指します。

安倍首相の言う「希望」「夢」「安心」も同じような意味でポエムでしかありません。

安倍政権は「日本再興」ということを繰り返し言っていますが、その内実は、いまだに大量生産・低価格の工業製品の輸出で利益を得ようというビジネスモデルに捉われています。あまりにも、大企業の経営者から、「円安にさえなればうちは助かる」という声を聞かされ続けたのでしょう。

中国などの人件費の安い国と価格競争をしても勝ち目はありません。日本の技術力や経済的成熟度を考えるならば、高度成長時代の大量生産・低価格モデルから脱却して、高品質で付加価値のあるモノづくりやサービスに転換すべきなのです。

まとめ アベノミクスのここがおかしい！

- ◯トリクルダウンは嘘だった
- ◯気合いエコノミーが空回りしている
- ◯官製相場は張りぼて相場
- ◯日銀が抱えたリスクはいずれ国民が負わなければならない
- ◯後戻りした成長戦略では経済は活性化しない

第2部

安保法案の正体

①安全保障関連法案とはなにか？

●安保関連法案の構成

安全保障関連法案（安保法案）が、多くの国民や憲法学者の反対と不安の声に耳をそむけ、２０１５年７月16日衆院本会議で、そして９月19日に参議院本会議で可決されました。

では、安保法案とはそもそもどんな法案なのでしょうか。

新しくつくられた「国際平和支援法案」とこれまであった10の法律の改正案をまとめて安全保障関連法案と呼んでいます（図16）。

図 16

安保関連法案の構成

新設	
国際平和支援法	海外で自衛隊が他国軍を後方支援する（武力行使は除く）

平和安全法制整備法（一部改正を束ねたもの）	
自衛隊法	在外邦人救出や米艦防護を可能にする。武器使用基準を緩和。上官に反抗した場合の処罰規定も追加
PKO協力法	PKO以外にも自衛隊による海外での復興支援活動を可能にする。治安維持や駆けつけ警護など任務を拡大し、武器使用基準を緩和
重要影響事態安全確保法（周辺事態安全確保法を改正）	周辺事態を「重要影響事態」と変更。日本のために活動するアメリカ軍や他国軍へ、弾薬供給や兵士輸送などの後方支援ができるようになる。地球規模での活動が可能に
船舶検査活動法	日本周辺以外での船舶検査が可能になる
武力攻撃事態対処法	集団的自衛権の行使条件を明記
米軍等行動関連措置法（米軍行動関連措置法を改正）	支援対象をアメリカ軍以外にも拡大
特定公共施設利用法	アメリカ軍以外でも港湾・飛行場などの利用が可能になる
海上輸送規制法	外国の武器などの海上輸送を実施可能にする
捕虜取扱い法	捕虜等の取扱いについて存立危機事態での対応を追加
国家安全保障会議設置法	存立危機事態や重要影響事態の認定など審議事項を追加

●安保関連法案の特徴

内閣府のホームページには、「平和安全法制」という名前で17ページにわたってこの法案について説明していますが、そもそもが法律の話なので、大変読みにくいものになっています。

かみくだいてこの法案の特徴を挙げると、以下のようになります。

- ・集団的自衛権※を認める
- ・自衛隊の活動範囲や、使用できる武器を拡大する
- ・有事の際に自衛隊を派遣するまでの国会議論の時間を短縮する
- ・在外邦人救出や米艦防護を可能になる
- ・武器使用基準を緩和する
- ・上官に反抗した場合の処罰規定を追加

●安保関連法案が想定する事態と武力行使の関係

政府は今回の安保関連法案では、自国周辺や海外で想定しうる事態を6つに

※外国からの武力攻撃が発生した場合、密接な関係にある他国がその攻撃を自国の安全を危うくするものと認め、必要かつ相当の限度で反撃する権利

図 17

安保関連法案の6つの事態

事態※新設	定義	自衛隊の行動	武力行使	国会承認
武力攻撃発生事態	日本に外部から武力攻撃が発生	武力行使○ 防衛出動○	個別的自衛権	原則事前 (緊急時は事後も可)
武力攻撃切迫事態	日本に外部から武力攻撃が発生する危険が切迫	武力行使× 防衛出動○		
武力攻撃予測事態	事態が切迫し武力攻撃が予測される事態	武力行使× 防衛出動× 出動待機○		
存立危機事態※	日本と密接な関係にある他国に武力攻撃が発生し、日本の存立が脅かされ、国民の生命、自由、幸福追求権が根底から覆される明白な危機がある事態	武力行使○ 防衛出動○	集団的自衛権	
重要影響事態※	日本の平和と安全に重要な影響を与える事態	他国支援○	不可 (後方支援のみ)	
国際平和共同対処事態※	国際社会の平和と安全を脅かす事態	他国支援○	不可 (後方支援のみ)	例外なく事前

分け、それぞれについて、武力の行使ができるかどうか、できるとしたら何を根拠としているかについて説明しています(図17)。

これまでの日本の安保に関する姿勢と大きく変わったのは、「存立危機事態」に際して、日本が同盟を組む他国が武力攻撃された際に、一緒になって戦うという「集団的自衛権」を認めていることです。

ちなみに存立危機事態とは、①「我が国と密接な関係にある他国に対する武力攻撃が発生し、これにより我が国の存立が脅かされ、国民の生命、自由及び幸福追求の権利が根底から覆される明白な危険があること」と政府は説明しています。

さらに、②「日本の存立を全うし、国民を守るために他の適当な手段がない」③「必要最小限度の実力行使」を加え、武力行使の新3要件としています。

これまで歴代の政権は集団的自衛権を認めておらず、自衛隊の存在と憲法9条の整合性について知恵を絞ってきた歴代の法制局も、これだけは認めてはきませんでした。まさに、歴史を画する出来事だったのです。

●安保関連法案成立の背景

この安保法案について安倍首相は、

「日本を取り巻く安全保障環境が変化し、一層厳しさを増したため」

「我が国及び国際社会の平和及び安全のための切れ目のない体制の整備」

が必要である、と説明しています。

安全保障環境の変化とは何を指すのでしょうか？　国会での安倍総理の答弁がこの法案の背景を雄弁に語ってくれています。

「我が国を取り巻く安全保障環境はますます厳しさを増しております。例えば、北朝鮮は、日本の大半を射程に入れる数百発もの弾道ミサイルを配備し、核兵器を開発しています。東シナ海においては、中国が公船による領海侵入を繰り返しています。南シナ海においては、中国が活動を活発化し、大規模かつ急速な埋め立てや施設の建設を一方的に強行しています。自衛隊のスクランブルの回数は、十年前と比べ、約7倍に増えています。我が国周辺における中国軍やロシア軍の活動が大いに活発化しています。アルジェリア、シリア、そしてチュニジアで日本人がテロの犠牲になるなど、ＩＳＩＬ（いわゆるイスラム国）を始めとして暴力的な過激主義が台頭しています。（中略）もはや、どの国も一国のみでは自国の安全を守れない時代となっています」（２０１５年7月27日参議院本会議）

中谷防衛大臣も同様の答弁を行っており、日本の平和を脅かす勢力として、北朝鮮、中国、ロシア、イスラム系テロ組織が念頭に置かれているようです。

また、集団的自衛権を認めるロジックとして、「一国のみでは自国の安全を守れない」ことを強調しています。

まとめ　安全保障関連法案とは何か？

◯日本が同盟を組む他国が武力攻撃された際に、一緒になって戦うという「集団的自衛権」を認めました

◯自衛隊の活動範囲や、使用できる武器を拡大しました

◯武力行使の新3要件については政府が判断します

②安全保障関連法案のどこが問題なのか?

今回成立した安保関連法案については、私は次の4つの大きな問題があると考えています。

1 憲法を「解釈」で変えてしまった
2 立法事実(法律の必要性や正当性を根拠づけるもの)がないことが判明している
3 安保関連法案によって生じるコストの説明をきちんとしていない
4 日本人がテロのターゲットになる危険性が高まる

ひとつずつ説明していきましょう。

●憲法を「解釈」で変えてしまった

前述したように、これまで戦後の歴代政府及び法制局は、個別的自衛権（武力攻撃を受けた国が、必要かつ相当な限度で防衛のため武力に訴える権利）は認めても、集団的自衛権（外国からの武力攻撃が発生した場合、密接な関係にある他国がその攻撃を自国の安全を危うくするものと認め、必要かつ相当の限度で反撃する権利）は認めてきませんでした。なぜなら、憲法9条でこれを認めていないからです。

憲法9条の条文はこう言っています。

1　日本国民は、正義と秩序を基調とする国際平和を誠実に希求し、国権の発動たる戦争と、武力による威嚇又は武力の行使は、国際紛争を解決する手段としては、永久にこれを放棄する。

2　前項の目的を達するため、陸海空軍その他の戦力は、これを保持しない。国の交戦権は、これを認めない。

これまでは、「憲法9条は個別的自衛権を否定するものではない」「自衛隊は軍隊ではない」という国民的なコンセンサスの上に日本は各種安全保障上の行動をとってきました。

これを勝手に一政権が、変えてしまったのです。

そもそも、安倍政権は発足当初から憲法改正を最大目標として謳ってきました。自民党が改正憲法草案を発表して、そのあまりの時代遅れで人権をないがしろにした内容で、国民から酷評されたのは記憶に新しいところです。

憲法改正のハードルが高いがために、解釈変更で憲法を事実上変えてしまえというのが安倍政権のもくろみです。9条を空文化したうえで「現実に沿って憲法を改正しましょう」というわけです。

まさに立憲主義の否定であり、戦後民主主義の否定に他なりません。

時の政権の意向で憲法をどのようにも解釈できるのならば、徴兵制を敷くのも可能ですし、国民の権利をはく奪するのも簡単です。

政治権力が暴走しないように憲法によって縛りをかけるのが立憲主義であ

り、これを根底から覆してしまえば、日本は法治国家とは言えません。「ルール無視の何でもアリ」の国になってしまったら、独裁国家とどこが違うのでしょうか?

●そもそもが憲法を尊重していない議員たち

この安保関連法案に関する国民の大反対の声に、自民党の推進議員は恐るべきコメントを連発しています。9条の解釈うんぬんではなく、そもそも憲法が何のためにあるのか理解していないようです。

「みっともない憲法ですよ、はっきり言って」 安倍晋三(内閣総理大臣)2012年12月

「ナチスの改憲手口を学んではどうか」 麻生太郎(副総理・元総理)2013年7月

「憲法を安保法案に適用させる」 中谷元(防衛大臣)2015年6月

「立憲主義を守ると国が滅ぶ」 船田元(自民党憲法改正推進本部本部長代行)2013

年10月

「立憲主義なんて聞いたことがない」　礒崎陽輔（自民党憲法起草委員会事務局長）
2012年5月

安倍首相は「アメリカとの出会いは民主主義との出会い」とアメリカ議会で演説し、民主主義をもたらしてくれたアメリカに感謝して見せましたが、国内では、アメリカに押し付けられた「民主憲法」をゴミのように扱っています。この二面性こそが「みっともない」と言わざるを得ません。

●そもそも集団的自衛権とは何なのか？

今回、「憲法から逸脱している・していない」と、論議になった集団的自衛権とは具体的にはどういうことなのでしょうか。

これは1945年に国連が署名・発効した国連憲章に定義と権利について明文化された概念なのです。

国連憲章第51条

「この憲章のいかなる規定も、国際連合加盟国に対して武力攻撃が発生した場合には、安全保障理事会が国際の平和及び安全の維持に必要な措置をとるまでの間、個別的又は集団的自衛の固有の権利を害するものではない。この自衛権の行使に当って加盟国がとった措置は、直ちに安全保障理事会に報告しなければならない。また、この措置は、安全保障理事会が国際の平和及び安全の維持または回復のために必要と認める行動をいつでもとるこの憲章に基く権能及び責任に対しては、いかなる影響も及ぼすものではない。」

簡略化して言えば、ある国家が武力攻撃を受けた場合に、直接に攻撃を受けていない第三国が協力して共同で防衛を行う国際法上の権利のことで、安全保障理事会の事前の承認を得なくても、直接攻撃を受けている他国を援助し、これと共同で武力攻撃に対処することができます。

個別的自衛権が国連憲章成立以前から認められた国家の国際慣習法上の権利であるのに対して、集団的自衛権は、国連憲章に定められるまで、国際慣習法上の権利としては論じられてきませんでした。

第2次世界大戦終結の時期に、新しい世界秩序を構築するにあたって、国連加盟国（＝連合国）が、武力行使を合法化するために編み出した一種の戦争のための「言い訳」とも言えます。

実際、冷戦下では集団的自衛権の名のもとに、次のような戦争が行われています。

・**ハンガリー動乱**

1956年にハンガリーで発生した大規模反政府デモに対し、ソ連がハンガリー政府の要請に基づき民衆の蜂起を鎮圧した事例。

・**チェコスロバキア動乱**

1968年にチェコスロバキアで起こった自由化運動の影響拡大を恐れたソ連および東欧諸国によるワルシャワ条約機構軍が、改革運動を鎮圧した事例。

・**ベトナム戦争**

1964年のトンキン湾事件を契機に、米国議会は国連憲章及び東南アジア集団防衛条約に基づく義務に従い、兵力の使用を含む必要なあらゆる手段をとる旨決議し、ベトナムへの北爆と地上部隊派遣を開始した。

・コントラ戦争

1981年、米国がニカラグアの反政府勢力コントラを支援し、その根拠をニカラグアによるエルサルバドル、ホンジュラス、コスタリカへの武力攻撃に対する集団的自衛権の行使であるとした。

・アフガニスタン紛争

2001年の9・11テロを受けてタリバン政権下のアフガニスタンに対する米軍の攻撃とそれに伴う北大西洋条約機構（NATO）加盟のヨーロッパ諸国のとった軍事行動。

これらの米ソの軍事行動が、国連憲章の定めた「集団的自衛権の行使」の要件を満たしているのかどうかは、いまだに論議は分かれており、自陣営の勢力をキープするあるいは増強するための介入戦争という指摘もされています。

●集団的自衛権を合憲と言い募る安倍政権のロジック

安倍政権は、集団的自衛権の行使を合憲とする根拠を次のようにしています。

・1959年の砂川事件の最高裁判決

判決の一部で「自国の存立を全うするために必要な自衛の措置を取りうる」とあることから、政府は砂川判決は個別的・集団的を区別せず必要な自衛の措置を認めていると説明しています。これに対しては、最高裁長官を5年間務めた山口繁氏が、「当時の最高裁が集団的自衛権を意識していたとは到底考えられない」と批判しています。

・1972年の政府見解

①憲法は必要な自衛の措置を禁じていない②外国の武力攻撃による急迫、不正の事態に対処し、国民の権利を守るためのやむを得ない措置は必要最小限にとどまる③集団的自衛権の行使は憲法上許されない

この政府見解の①と②は堅持して、③については、日本を取り巻く安全保障

環境が悪化したので、我が国の存立を全うするための、自衛のための限定的な集団的自衛権は憲法上認められる、としました。

これに対しては、衆院憲法調査会で自民党推薦の参考人として陳述した長谷部恭男早大教授ら3人全員が、「法案は違憲」と表明し、「従来の基本的論理の枠内では説明がつかず、法的安定性を揺るがす」と批判しました。

元内閣法制局長の大森政輔氏も、「安全保障環境の変化」を根拠に72年政府見解の結論を変えるのはごまかしである、と厳しく批判しています。

●立法事実（法律の必要性や正当性を根拠づけるもの）がないことが判明している

集団的自衛権を行使するのにふさわしい存立危機事態の事例として、安倍首相はホルムズ海峡での機雷除去を再三挙げていましたが、参院の審議の際には「現在の国際情勢に照らせば、現実の問題として発生することを具体的に想定しているものではない」と答弁しました。

結局何をもって、存立危機の事態なのか、最後まではっきりさせず、時の内閣の判断で恣意的に集団的自衛権の行使が決定されるという構図が浮かび上がりました。

●自衛隊員の命を軽視していないか

「重要影響事態法案」と「国際平和支援法案」では、他国軍へのいわゆる「後方支援」について、自衛隊の活動地域が、従来の「非戦闘地域」から「戦闘が起きる可能性がある地域も含む現に戦闘行為が行われていない場所」に拡大されました。

また支援内容については、弾薬の提供や発進準備中の航空機への給油も可能にしました。

しかし戦場では、「前方」も「後方」も現実的には区別がありません。衆院憲法審査会で参考人を務めた小林節慶大名誉教授は「戦場に後ろから参戦するだけの話で、後方支援の拡大は憲法が禁じている他国との武力行使の一体化にあたる」と批判しています。

憲法違反であると同時に、この後方支援の拡大によって、自衛隊員のリスクは格段に高まります。後方だと思っていた自衛隊の活動場所が急に戦闘現場になることも予想されます。戦闘が始まればすぐに活動を中止するとしていますが、支援対象の他国軍から活動継続の要請があった時に、本当に撤退できるのかどうか疑問の残るところです。

昔の戦争に比べれば、兵士が交戦によって死亡する確率は低くなりました。むしろ、治安維持活動の際に爆弾テロによって命を落とすケースが増えています。

日本が、アメリカと行動を共にして戦争活動に踏み込めば踏み込むほど、テロの対象になる確率は高まるのです（図18）。

また、ここ数年の自衛官の応募者数の減少に、今回の安保関連法案が輪をかけることも心配です（図19）。自衛隊は1950年の朝鮮戦争の折に、GHQの指令で警察予備隊として発足しています。国内では憲法9条との整合性から

図 18

自衛隊活動はこう変わる

区分	これまでできたこと	これからできること
集団的自衛権の行使	行使できない	武力行使が可能に。他国に攻撃が発生しそれが我が国の存立危機事態に該当する場合
後方支援	朝鮮半島での有事の際にアメリカ軍への後方支援	日本周辺以外の他国軍への後方支援。弾薬の提供や空中給油など
PKOなど人道復興支援	停戦合意後の施設整備や医療支援	襲撃された外国部隊を防護する駆け付け警護や住民保護などの治安維持

区分	今後もできないこと
集団的自衛権の行使	敵国の領域内での武力行使
後方支援	戦闘現場での後方支援や武器の提供
PKOなど人道復興支援	紛争状態段階での部隊派遣

図 19

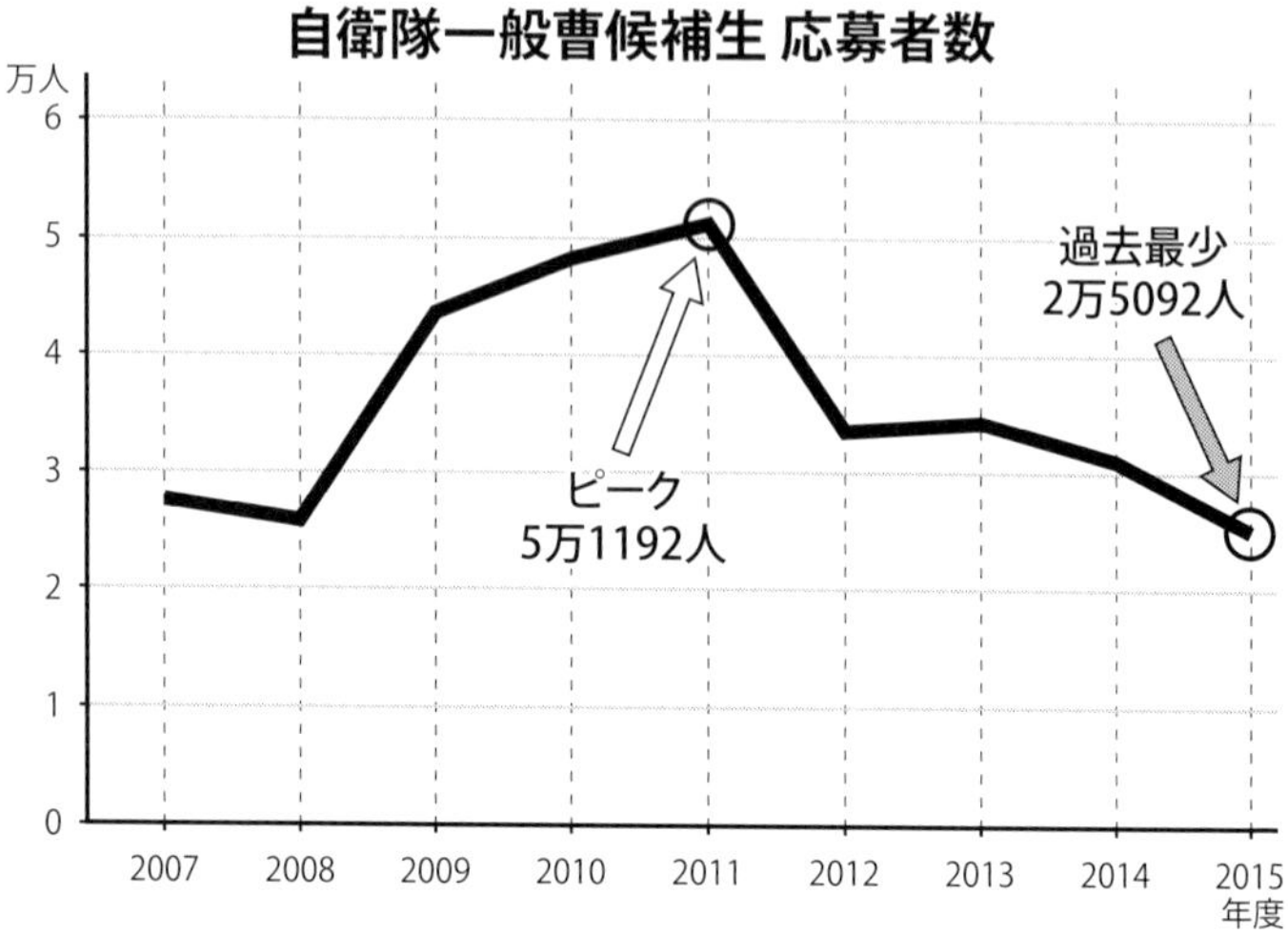

「軍隊」ではないと理解されていますが、国際法上は「軍隊」であり、自衛隊員は兵士ということになります。

この海外派遣された場合の自衛隊員の法的な立場もきちんと整備されていません。隊員が海外で民間人を誤射した場合に、上川陽子法務大臣は「誤射は業務上の過失致死罪が成立するが、同罪には国外犯処罰規定が設けられておらず、日本の刑法を適用できない」と答弁しています。参考人質疑に立った伊勢崎賢治東京外大院教授は「日本には軍法がないために刑法で裁くことになるが、海外での過失は犯罪として裁くしかない。国の命令なのに隊員個人が責任を負うのは矛盾だ。不安定な法的地位のまま隊員を海外に送ってはならない」と指摘しています。

国民が支持しない安保関連法案によって、しかも矛盾した地位のまま海外に送り出される自衛隊員に、はたして命がけの任務をお願いできるのでしょうか。

●日本人がテロのターゲットになる

今回の安保関連法案成立に際して、共同軍事行動が予想されるアメリカやオーストラリアは歓迎の姿勢を示し、中国、韓国は批判的なトーンで論評しています。火種を抱える中東やいわゆるイスラム国からはコメントが出されていませんが、「アメリカと軍事的に共同歩調をとる国」と見られることは間違いないでしょう。

先日、各国の外交官の奥さんが集まる会に行ったときのことです。ある外交官夫人から、「日本は料理もおいしく、清潔で、安全な国だったのに、これで来たがる人は減るわね」と言われました。これでというのは、もちろん「安保関連法案」が可決されたことを指します。日本はすでに安全な国ではなくなったと言っていたのです。

安倍首相は２０１５年の1月にエジプト、ヨルダン、イスラエル、パレスチナを訪問しました。エジプトで開かれた「日本エジプト経済合同委員会」におけるスピーチで「いわゆるイスラム国と闘う周辺各国に2億ドルを支援する」と表明し、これが発端となって、後藤健二さんら日本人２名の殺害予告につながったと見られています。

1月27日の国会代表質問において安倍首相は、「リスクを恐れてテロリストの脅しに屈すれば、周辺国への人道支援はできなくなる」と答えました。確かにテロリストの脅しに屈する必要はありませんが、同胞が捕らわれていることは安倍首相も認識していたわけですから、リスクを想定すれば言葉を選ぶべきだったでしょう。

エジプトでのスピーチで「人道支援のために」と言うべきところを「いわゆるイスラム国と戦う周辺各国に2億ドル」と表明したことによって、いわゆるイスラム国を刺激したことは間違いありません。いわゆるイスラム国が日本人2人の命と引き換えに要求した身代金の額は2億ドルでしたから、完全に符合するのです。

中東は一般の日本人にとってはなじみが薄い場所です。しかし、いわゆるイスラム国のテロリストにとっては、すでに日本は敵対するターゲットになっています。東京や大阪の地下鉄が、ロンドンやマドリッドのように爆弾テロに見舞われたり、パリのように人がたくさん集まる場所が狙われたりすることがないのを祈るばかりです。

●いつのまにか日本は有志連合に

２０１４年８月８日、アメリカを中心とした複数の連合軍が、イラクで勢力を拡大しつつあった、いわゆるイスラム国に対して空爆を開始しました。これは日本では「有志連合」として報道されました。

この米国主導の有志連合に日本はいつのまにか入っていました。菅官房長官は2015年2月2日の定例会見で、前年の12月3日にブリュッセルで開かれた約60カ国・地域の閣僚級会合に日本が参加した事実を挙げ、このときに有志連合に加わったと発表しました。

ところが、アメリカ国務省のホームページを確認すると、2014年10月1日付で有志連合の参加国リストを公開しているのですが、計61カ国・地域の中に「Japan」の文字がしっかり記されてありました。

実際には、日本は韓国などと共に人道支援のみの参加なのですが、リストでは軍事作戦に加わる国と人道支援のみ行う国が一緒くたにされ、各国の役割が明記されていません。

いわゆるイスラム国がこのリストから、日本が人道支援のみを行う国だとは判断しがたいのです。

問題は、日本政府が自らの意志で有志連合に参加したのかどうかです。アメリカ国務省のホームページの日付から推察するならば、空爆を正当化したいアメリカによって、頭数に入れられてしまったというのが、本当のところでしょう。

自らの意思のないところでアメリカの軍事政策に振り回され、要らぬ敵をつくってしまうことほど馬鹿馬鹿しいことはありません。

本来なら、日本政府自らが「中東問題に関しては人道支援に徹する」と表明すべきだったのですが、安保関連法案によって、それをテロリスト側に納得してもらうのも難しくなりました。

案の定と言うべきか、いわゆるイスラム国は2015年9月10日に、インターネット上で発行する英字機関誌「ダービック」の最新号で、米国が主導する軍事作戦「固有の決意」に加わる「有志連合」の一員として日本を名指しし、イラクやシリアでの戦闘に参加できない支持者に「日本の外交使節をボスニアやマレーシア、インドネシアで狙え」などと呼び掛けました。

まとめ　安全保障関連のどこが問題なのか？

○集団的自衛権の行使は明白な憲法違反です

○憲法は「解釈」で変更できるという前例を作りました

○日本が他国の戦争や紛争に巻き込まれる可能性が高まりました

○自衛隊員や日本国民のリスクが高まりました

③安保法案と軍需産業の関係

今回の安保関連法案の問題で見過ごされているのは、「コスト」の問題です。これについては、新聞なども指摘していないので、ここできちんと解説しておきましょう。

●アメリカの軍事予算削減

アメリカは1980年代から2000年まで、国防予算が年間30兆から36兆円で推移していました(1ドル＝120円)。それが、2001年9月11日の同時多発テロを受けて、うなぎ上りに増額し、2011年にはおよそ84兆円にまで膨れあがりました。

財政赤字が深刻化する中で、アメリカは２０１２年1月、２０１２年度から２０２１年度にかけて、10年間で国防予算をおよそ60兆円強制削減することとしました。１年間で６兆円の削減になります。人員についても、アメリカ陸軍は52万人を44万人にまで減らす計画です（図20）。

この強制削減により、アメリカの国防戦略や安全保障政策も変化せざるを得ません。いわば世界の警察を一国で引き受けていたものを、同盟国と分担しようという流れです。この流れの中に今回の安保関連法案も位置しているのです。

今後アメリカが削減する軍事関連の人件費と武器購入費を、日本が負担する可能性が出てきたのです。特に軍需産業はアメリカにとって主要産業の一つですから、日本を得意先に考えるのは間違いないでしょう。

●安保法案成立で防衛予算は22兆円増える？

国会での答弁において安倍首相は、安保法案が成立しても「全く新しい装備が必要になることはない」と明言していますが、これを信用してもいいもので

図 20

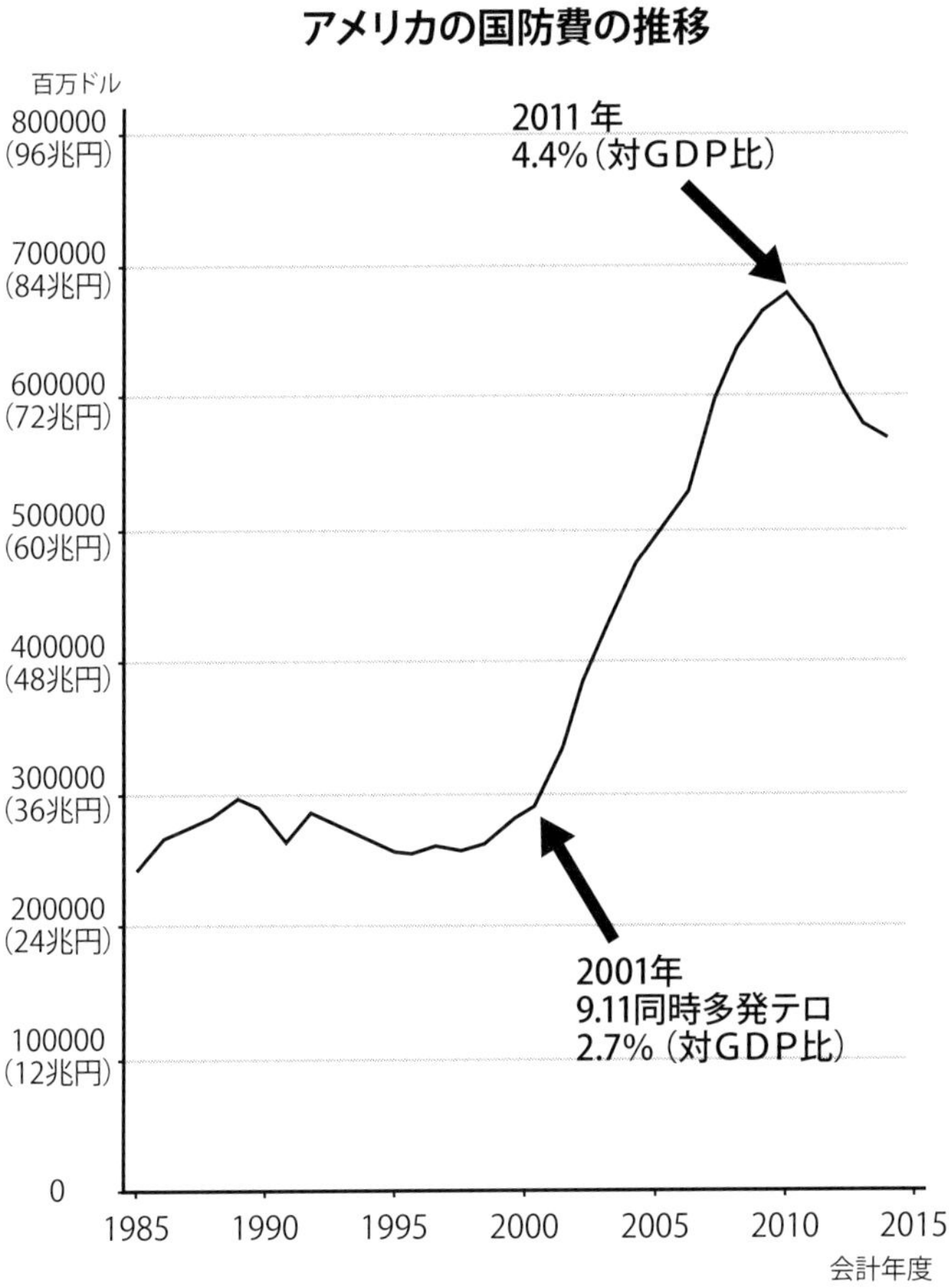
アメリカの国防費の推移
百万ドル
800000
(96兆円)
700000
(84兆円)
600000
(72兆円)
500000
(60兆円)
400000
(48兆円)
300000
(36兆円)
200000
(24兆円)
100000
(12兆円)
0
1985
1990
1995
2000
2005
2010
2015
会計年度
2011 年
4.4%(対GDP比)
2001年
9.11同時多発テロ
2.7%(対GDP比)

しょうか。

安保法案成立を契機に、アメリカの国防予算が減った分を日本が負担することを求められるのではないかという疑惑が生じます。

「週刊プレイボーイ」（２０１４年第30号）は、集団的自衛権の行使に伴い新たに必要となる装備の費用を弾きだしています。その額、およそ22兆円です。仮にこれを10年間で揃えることになると、年間２・２兆円が防衛予算に上積みされます（図21）。

日本の防衛予算は毎年約５兆円です。このうち人件費が６割（３兆）を占めていますから、装備関係には２兆円が使われています。これにプラス２兆円されるので、ハード的には倍額になる計算です（図22・図23）。

グラフを見てお分かりのように、日本の防衛予算はこのところ毎年５兆円弱で推移しています。主要装備品の契約額は年ごとにアップダウンがありますが、装備品の維持整備費については、一貫して右肩上がりになっています。

この維持整備費が防衛予算に大きく占めてくると、新しい装備を購入する予算が限られてきます。２兆円が真水として予算建てできるなら、防衛省としては願ったりでしょう。

●防衛予算はこうして増額される

日本の防衛予算はどのようにして策定されているのでしょうか。実は、５年ごとに中期防計画（中期防衛力整備計画）をつくって、今後５年間でどういう形で防衛力を強化するのか、そのためにはどんな装備が必要なのか計画を立てるのです。

別表は、平成26年度から平成30年度までの中期防衛計画です（図24）。

安倍首相は国会で再三、「すでに中期防で５か年の防衛費の総枠が明示されているから、安保法案が成立したからといって、そこからはみ出すことはない」と言っていますが、実はこの中期防（５年計画）は、「防衛大綱」（10年計画）というものが元になっています。

この「防衛大綱」において、大きな変更があれば当然「中期防」も見直しが

運用・維持費（10年）	その他の人件費	計
5,400 億円	1,026 億円	1 兆 7,226 億円
3,000 億円	912 億円	9,912 億円
2,520 億円	798 億円	8,358 億円
1,712 億円	296.4 億円	5,432.4 億円
402 億円	102.6 億円	1,308.6 億円
860 億円	330.6 億円	2,910.6 億円
6,500 億円	5,700 億円	2 兆 5200 億円
1,800 億円		5400 億円
3,600 億円		1 兆 800 億円
1 兆 1,000 億円		3 兆 3,000 億円
176 億円		528 億円
224 億円		784 億円
854.4 億円		2,990.4 億円
1,500 億円		4,500 億円
		399 億円
		135 億円
		216 億円
		1 兆円
6,000 億円	3,070 億円	5 兆 1,570 億円
		5,000 億円
		1,000 億円
		3 兆円

【総合計】22 兆 6,670 億円

図 21

集団的自衛権行使なら、こんな装備が必要に？

		導入費
海上戦力	「あたご」型イージス艦	1,800 億円 ×6=1 兆 800 億
	「あきづき」型護衛艦	750 億円 ×8=6,000 億
	「たかなみ」型護衛艦	630 億円 ×8=5,040 億
	「そうりゅう」型潜水艦	428 億円 ×8=3,424 億
	「えのしま」型掃海艇	201 億円 ×4=804 億
	「ましゅう」型補給艦	430 億円 ×4=1,720 億
	通常動力型空母	6,500 億円 ×2=1 兆 3,000 億
	新型の大型輸送艦	900 億円 ×4=3,600 億
航空戦力	ステルス戦闘機 F-35A	160 億円 ×45=7,200 億
	ステルス戦闘機 F-35C（空母艦載用）	220 億円 ×100=2 兆 2,000 億
	哨戒ヘリ SH-60K	44 億円 ×8=352 億
	空中給油機 KC-767	280 億円 ×2=560 億
	早期警戒管制機 AWACS	534 億円 ×4=2,136 億
	垂直離着陸輸送機 V-22 オスプレイ	100 億円 ×30=3,000 億
陸上戦力	10 式戦車	9.5 億円 ×42=399 億
	水陸両用車 AAV	2.25 億円 ×60=135 億
	軽量火砲	4.5 億円 ×48=216 億
ミサイル防衛	X バンドレーダー	1 兆円 ×1=1 兆
	監視衛星	2,500 億円 ×17=4 兆 2,500 億
	早期警戒衛星	5,000 億円 ×1=5,000 億
	艦載迎撃ミサイル SM-3	20 億円 ×50=1,000 億
サイバー対策	サイバー部隊の創設・運用	年間 3,000 億円 ×10=3 兆

（週刊プレイボーイ 2014 年第 30 号より作成）

図 22

平成27年度防衛関係費の内訳等

平成27年度歳出予算 4兆9,801億円（対前年比+953億円〈+2.0%〉）
※米軍再編・SACO関係経費1,472億円を含む

人件・糧食費 21,121億円	人件費 糧食費	20,777億円 344億円		
歳出化経費 18,260億円	主要装備品 修理・通信維持費等 研究開発 施設整備・基地対策費等	6,009億円 8,567億円 1,107億円 1,499億円他		
一般物件費 10,420億円	装備品の維持費等	4,367億円	油購入費 修理費 教育訓練費等	1,179億円 1,665億円 1,523億円
	基地対策経費等	4,043億円	周辺環境整備 住宅防音 在日米軍駐留経費負担 施設の借料・補償経費など	577億円 395億円 1,738億円 1,334億円他
	その他	1,508億円	研究開発費 装備品等購入費など その他（電子計算機等借料等）	305億円 269億円 935億円

図 23

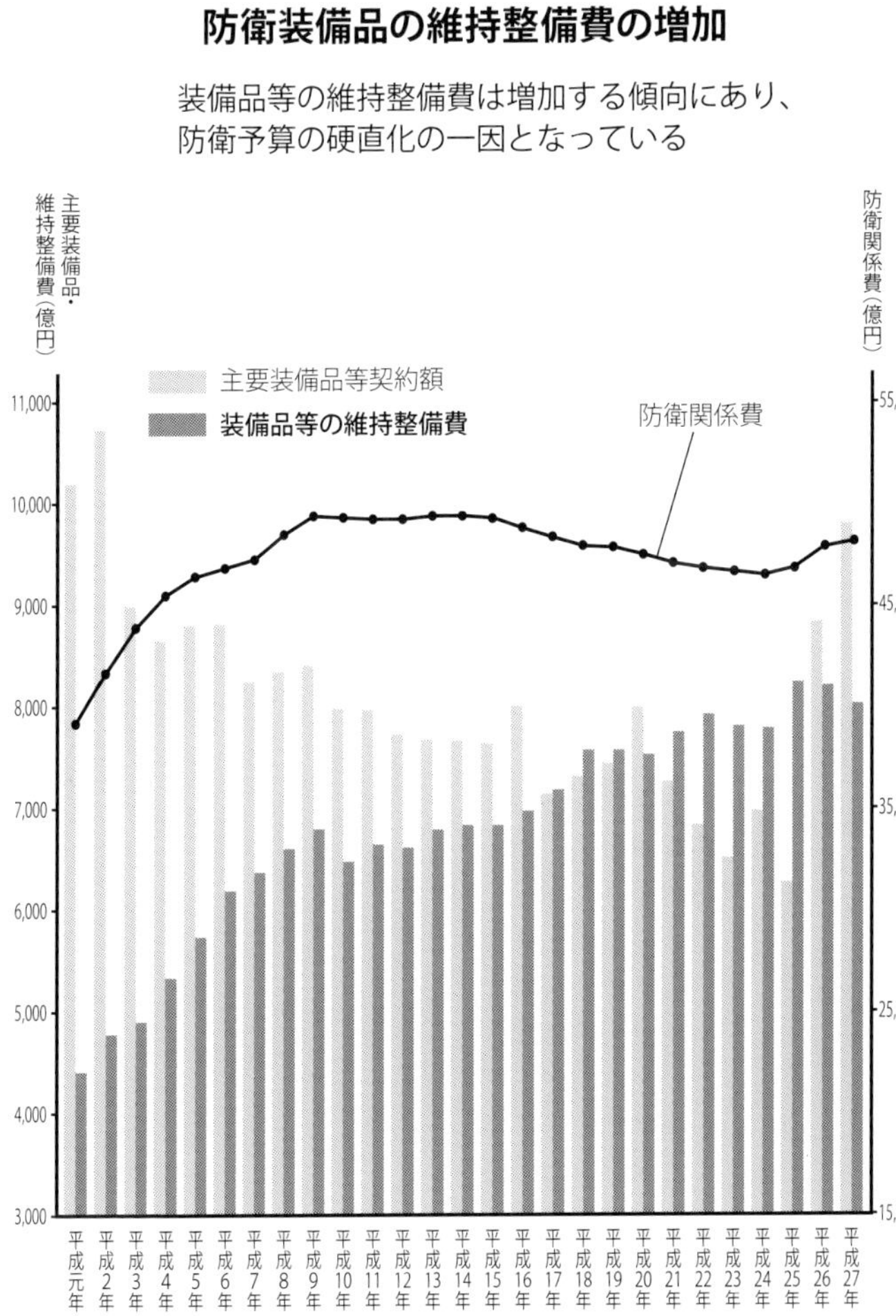
防衛装備品の維持整備費の増加
装備品等の維持整備費は増加する傾向にあり、
防衛予算の硬直化の一因となっている
主要装備品・維持整備費（億円）
防衛関係費（億円）
主要装備品等契約額
装備品等の維持整備費
防衛関係費
11,000
10,000
9,000
8,000
7,000
6,000
5,000
4,000
3,000
55,000
45,000
35,000
25,000
15,000
平成元年
平成2年
平成3年
平成4年
平成5年
平成6年
平成7年
平成8年
平成9年
平成10年
平成11年
平成12年
平成13年
平成14年
平成15年
平成16年
平成17年
平成18年
平成19年
平成20年
平成21年
平成22年
平成23年
平成24年
平成25年
平成26年
平成27年

図 24

中期防衛力整備計画（平成 26 年度〜30 年度）について

区分	種類	整備規模
陸上自衛隊	機動戦闘車	99 両
	装甲車	24 両
	水陸両用車	52 両
	ティルト・ローター機	17 機
	輸送ヘリコプター（CH-47JA）	6 機
	地対艦誘導弾	9 個中隊
	中距離地対空誘導弾	5 個中隊
	戦車	44 両
	火砲（迫撃砲を除く）	31 両
海上自衛隊	護衛艦（イージス・システム搭載護衛艦）	5 隻（2 隻）
	潜水艦	5 隻
	その他	5 隻
	自衛官建造計（トン数）	15 隻（約 5.2 万トン）
	固定翼哨戒機（P-1）	23 機
	哨戒ヘリコプター（SH-60K）	23 機
	多用途ヘリコプター（艦載型）	9 機
航空自衛隊	新早期警戒（管制）機	4 機
	戦闘機（F-35A）	28 機
	戦闘機（F-15）近代化改修	26 機
	新空中給油・輸送機	3 機
	輸送機（C-2）	10 機
	地対空誘導弾ペトリオットの能力向上（PAC-3 MSE）	2 個群及び教育所要
共同の部隊	滞空型無人機	3 機

（注）：哨戒機能を有する艦載型無人機については、上記の哨戒ヘリコプター（SH-60K）の機数の範囲内で、追加的な整備を行い得るものとする

されることになります。安全保障観が変われば予算も変わってくるわけで、予算に対する縛りは国会の審議のみです。

ちなみに、平成25年12月に閣議決定された中期防には、集団的自衛権の行使や後方支援の拡大などは入っていませんから、今後見直しがされ、防衛予算が上積みされることが予想されます。

ところで日本の財政が大変厳しい状況にあるのは皆さんもご存じでしょう。2015年度の一般会計予算が96兆円で、そのうちの税収で賄えない分、つまり借金で賄う分が37兆円もあるのです。

仮に防衛予算を年間2兆円増やすとなると、新たに増税で新たな財源を確保するか、他の予算を削らなければなりません。増税か社会保障費を減らしてイージス艦を購入するという構図が浮かび上がってきます（図25）。

図 25

平成27年度一般会計歳出の構成

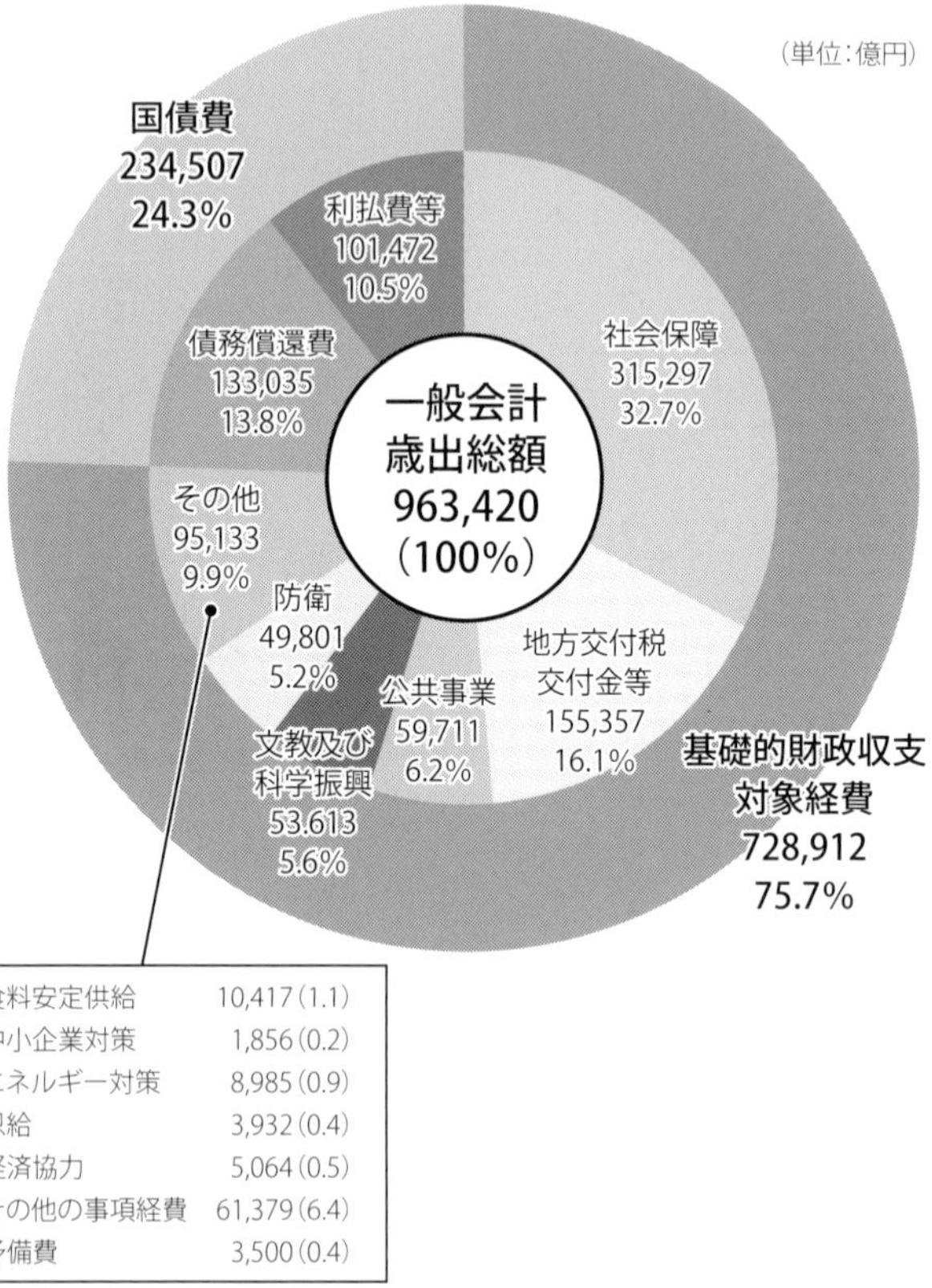

(注 1):計数については、それぞれ四捨五入によっているので、端数において合計とは合致しないものがある

(注 2):一般歳出※における社会保障関係費の割合:55.0%

※一般歳出は、基礎的財政収支対象経費から地方交付税交付金等を除いたもの

●「武器輸出三原則」から「防衛装備移転三原則」へ

安倍政権は、2014年4月に「武器輸出三原則」を大幅に見直し、新三原則ともいえる「防衛装備移転三原則」を閣議決定しました。

これまでの武器輸出三原則は、基本的に武器の輸出や国際共同開発を認めず、必要があれば、そのたびに例外規定を設けて運用する内容だったのに対して、防衛装備移転三原則は、武器の輸出入を基本的に認め、その上で禁止する場合の内容や、厳格な審査を規定する内容となっています。

以下が外務省のホームページに掲載された「防衛装備移転三原則」の内容です。

我が国としては、国連憲章を遵守するとの平和国家としての基本理念及びこれまでの平和国家としての歩みを引き続き堅持しつつ、今後は防衛装備移転三原則に基づき防衛装備の海外移転の管理を行うこととします。主な内容は以下のとおりです。

(1)移転を禁止する場合の明確化(第一原則)

（ア）当該移転が我が国の締結した条約その他の国際約束に基づく義務に違反する場合、（イ）当該移転が国連安保理の決議に基づく義務に違反する場合、又は（ウ）紛争当事国（武力攻撃が発生し、国際の平和及び安全を維持し又は回復するため、国連安保理がとっている措置の対象国をいう。）への移転となる場合は、防衛装備の海外移転を認めないこととしました。

（2）移転を認め得る場合の限定並びに厳格審査及び情報公開（第二原則）

上記（1）以外の場合は、移転を認め得る場合を、（ア）平和貢献・国際協力の積極的な推進に資する場合、又は（イ）我が国の安全保障に資する場合等に限定し、透明性を確保しつつ、厳格審査を行うこととしました。

また、我が国の安全保障の観点から、特に慎重な検討を要する重要な案件については、国家安全保障会議において審議するものとしました。国家安全保障会議で審議された案件については、行政機関の保有する情報の公開に関する法律（平成11年法律第42号）を踏まえ、政府として情報の公開を図ることとしました。

(3) 目的外使用及び第三国移転に係る適正管理の確保(第三原則)

上記(2)を満たす防衛装備の海外移転に際しては、適正管理が確保される場合に限定しました。具体的には、原則として目的外使用及び第三国移転について我が国の事前同意を相手国政府に義務付けることとしました。

政府としては、国際協調主義に基づく積極的平和主義の立場から、国際社会の平和と安定のために積極的に寄与して行く考えであり、防衛装備並びに機微な汎用品及び汎用技術の管理の分野において、武器貿易条約の早期発効及び国際輸出管理レジームの更なる強化に向けて、一層積極的に取り組んでいく考えです。

この武器輸出三原則の実質的な解禁について、私は大いに危惧しています。まず、日本が輸出した武器や技術が紛争当事国やテロリストの手に渡るというリスクがあることです。これは同じ懸念が自民党の中からも寄せられています。先日、いわゆるイスラム国でトヨタ車が使われているというニュースがありました。トヨタがテロ国家に販売した事実がないにしろ、どんな経路でどんな使われ方をするのかは、追跡することができません。

仮に日本から輸出した武器や共同開発した武器が実際の紛争や戦争に使われるとするならば、日本の平和国家というイメージは計り知れないほどにダメージを受けることになります。

今回の新三原則策定の目的として、ロッキード・マーティン社製の次期主力戦闘機F35に搭載される日本製部品のイスラエルへの輸出を可能にするため、ということが言われています。事実、政府はイスラエルへの武器や関連技術の輸出は可能であるとの見解を示しています。しかし本当にイスラエルは紛争当事国ではないと言い切れるのでしょうか。

●年間32兆円規模の武器マーケット

安保関連法案成立間近の2015年9月10日、経団連は武器など防衛装備品の輸出を「国家戦略として推進すべきだ」とする提言を公表しました。

提言では、安全保障関連法案が成立すれば、自衛隊の国際的な役割が拡大するとし、「防衛産業の役割は一層高まり、その基盤の維持・強化には中長期的な展望が必要」と指摘しています。防衛装備庁に対し、「適正な予算確保」や人員充実のほか、装備品の調達や生産、輸出の促進を求めています。具体的には、自衛隊向けに製造する戦闘機F35について「他国向けの製造への参画を目指すべきだ」とし、オーストラリアが発注する潜水艦も、受注に向けて「官民の連携」を求めました。産業界としても、国際競争力を強め、各社が連携して装備品の販売戦略を展開していくというのです。

日本の製造業にとって、確かに武器マーケットは残された数少ないフロンティアなのかもしれません。

ストックホルム国際平和研究所によれば、2010年における軍需産業企業トップ100の世界販売は32兆円に達し、2002年との比較で60%も増加したそうです。

ちなみに世界の軍需産業企業トップ10は以下の通りです。

1位　ロッキード・マーティン社（アメリカ）
2位　BAEシステムズ社（イギリス）
3位　ボーイング社（アメリカ）
4位　ノースロップ・グラマン社（アメリカ）
5位　ジェネラル・ダイナミクス社（アメリカ）
6位　レイセオン社（アメリカ）
7位　EADS社（ヨーロッパ）
8位　フィンメッカニカ社（イタリア）
9位　L―3コミュニケーションズ（アメリカ）
10位　ユナイテッド・テクノロジーズ社（アメリカ）

確かに日本の技術は優れているし、軍需産業は日本企業にとっては手つかずのマーケットです。「商機」なのかもしれません。でも本当にそれでいいのでしょうか。

共同通信が2014年3月に行った世論調査によれば、武器輸出三原則の緩和に反対するという回答は66・8%にのぼり、賛成の25・7%を大きく上回っていました。すべての世代で反対が賛成を上回り、女性では74・7%が反対意見でした。

長年、海外を訪問してきた私は、メイド・イン・ジャパンの製品が「信頼と平和のブランド」として現地の人たちから尊敬されていることに誇りを抱いてきました。武器輸出することで、この日本人への信頼を簡単に裏切ることになるのです。

安倍さんの言う積極的平和主義が、「集団的自衛権＋武器輸出＋武器共同開発」なのであれば、やはり私たちはNOと声を上げ続けていかなければならないでしょう。

もしかするとこれこそが、安倍首相の言う「成長戦略」なのかもしれません。

武器の輸出並びに共同開発は、一企業が勝手に始められるわけではありません。必ず国の意向が反映され、国の承認なしにはことは進みません。武器輸出・共同開発は、第二の公共事業として、政治家や官僚の食い物にされる恐れが十分にあります。

まとめ　安保法案と軍需産業の関連とは？

○安保関連法案成立で日本はアメリカの防衛予算が削減した分を肩代わりさせられそうです
○防衛予算増額で足りない分は増税か社会保障費が削られます
○武器輸出三原則緩和で日本は軍需マーケットに進出していきます
○今後、日本企業が培ってきた「信頼と平和」というブランドは消えていきます

第3部

アベノミクスを超えて

①戦争しない・改革する

●成熟時代の社会像――アベノミクスを超えて

アベノミクスや安保関連法案のデタラメさはご理解いただけたと思います。では、どうやって日本や大阪を立て直していくのか。

未来に向けたビジョンを考える際に、間違えてはならないのが、過去と現在と未来に対する分析です。かつての高度経済成長時代とは言い換えると生産年齢人口が厚い時代でした。日本がどんどん工業生産が伸び輸出で外貨を稼いでいた時代です。その時代につくられた医療や年金を含めたすべての制度がいま機能しなくなっている、という大前提を元に、これからの政策や制度を考えていかなければならないのです（図26）。

図 26

年齢3区分別人口割合の推移
（出生中位〈死亡中位〉推計）

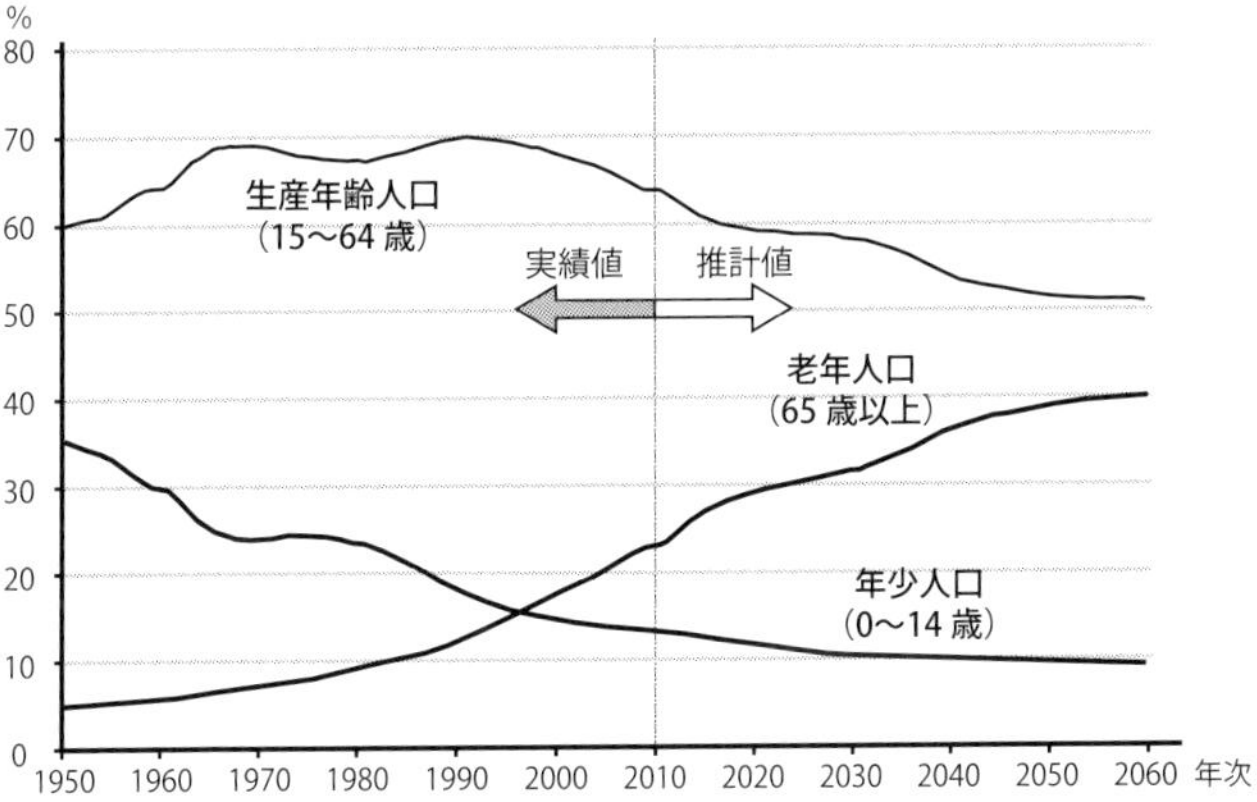

成長時代から成熟時代へと変化し、少子高齢化が否応なく進む時代に即したビジョンの作成が喫緊の課題なのです。

アベノミクスと対比しつつ、これからの目指す経済社会像をご紹介しましょう（図27）。

産業構造が変わり、第3次産業であるサービス労働に従事する人が増えてきました。このサービス労働人口が増えたことと非正規労働が増えたことは比例しています。サービス労働においては正社員よりは非正規労働が多く、また残念ながら相対的に低賃金なのです。

従来型の経済政策（トリクルダウン）

図 27

おだちの考える経済社会像

①ボトムアップ(底上げ)型

国民全体の所得水準を底上げしていくボトムアップ型の経済政策への転換を図る

②中間層の再生

日本の経済社会を支えてきた厚く、豊かな中間層を再生する

③人材投資

持続的な成長を支える基盤を構築するため、人材投資を積極的に行い、高度な人材、マイスター(熟練技能者)を育てる

④自律分散(分権化)

中央への一極集中の是正、大規模自然災害等のリスク軽減も勘案し、分権や政府機能の分散化を進め、地方の再生、役割の向上を図る

⑤成熟国家・質的豊かさへの転換

人材を育成し、技術力・知識力の蓄積を活用するとともに、世界から優秀なヒト・モノ・カネと情報を呼び込む。また、地域に権限・財源移譲して切磋琢磨できる環境を整えることで、高い国際競争力を持ち誰もが豊かさを実感できる質的に豊かな成熟国家・クオリティ国家へと転換していく

安倍政権の経済政策

①トリクルダウン

豊かな者がより豊かになれば、貧しい者にも富がしたたり落ちるというアベノミクス的考え方は、現実からかい離している

②非正規雇用推進

自民党政権が非正規雇用を推し進めたことなどにより、中間層は減少し、消費の低迷、社会の不安定を招いている

③大規模な公共投資

安倍政権は、一時的、目先の景気刺激を求め、大規模な公共投資を繰り広げている。経済構造の歪み、さらなる財政悪化を招く一方、教育、訓練への投資はおざなりにされ、人的資本の蓄積が妨げられている

④一極集中

さらに一極集中が加速化しており、過密化、高コスト化、リスクの上昇、地方の衰退などの問題を生じさせている

⑤総花的発想

構造変化に対応した政策転換が進まない中、人材・技術・知識の流出や停滞により、持続的成長についての不確実性が高まっている。

にもかかわらず、肝心の成長戦略は、従来通り総花的で各省庁が寄せ集めたものに過ぎない。そのため、コンセプトも優先順位も不明確で、上記の成長制約要因に戦略的に対応したものに成り得ていない。また、一部の関係者への利益誘導ではないかと思われるものも散見される

が機能しないのもここに原因があります。現在の労働構造に対応するならば下からのボトムアップ型の経済政策への転換が必要になるのです。

●フォーラム4という理念「戦争しない・改革する」

ここで各論に入る前に、大きなビジョンとして私が賛同する「フォーラム4」という考え方をご紹介しましょう。

これは元経産省官僚の古賀茂明さんが提唱している市民活動で、「フォーラム4」とは、マトリックス（4象限）を使って、政治的な立場を明らかにする手法です。

図を見てお分かりのように、「戦争する⇕戦争しない」という軸を縦に置き、「改革する⇕改革しない」という軸を横において、4つの象限をつくります（図28）。

これに政党を当てはめていくと、「戦争する・改革しない」のが現在の自民党、「戦争しない・改革しない」が共産党、とざっくりですが言えると思います。

図 28

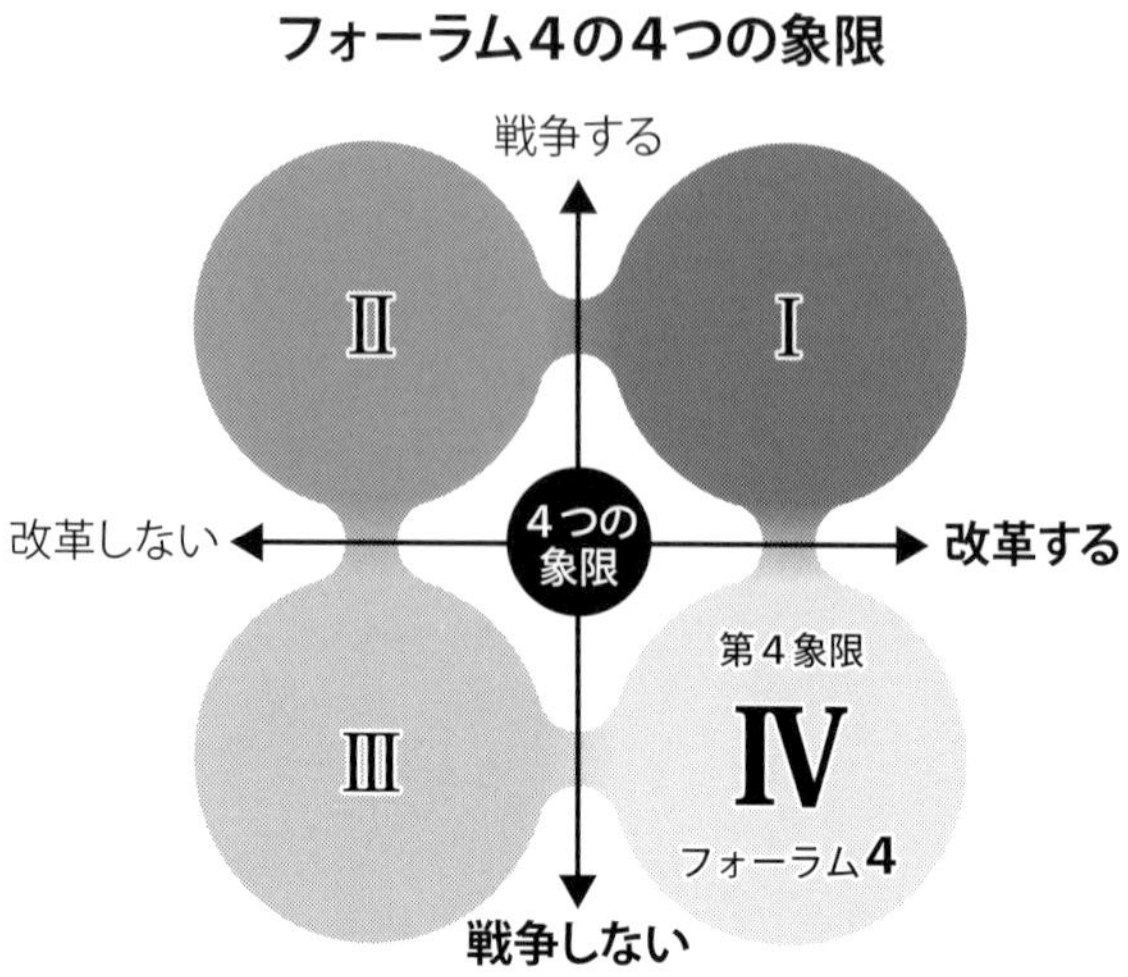

そして私は自分の立ち位置として、第4象限である「戦争しない・改革する」立場を明確にしています。

フォーラム4とは、「戦争しない・改革する」を基本理念に、市民が集うプラットフォームであり、この基本理念に私を含めた何人かの政治家が賛同をしています。

「戦争する・しない」は誰にも分かりやすいと思いますが、「改革」は少々分かりにくいかもしれません。フォーラム4で言う改革とは「格差を縮小し、働く人々と真の弱者のための改革」です。

より具体的には、下記のような基本理念を掲げていますので、抜粋してご紹介しましょう。

●フォーラム4の基本理念

・子どもの未来と国民の命を最も優先する
・民間にできることは民間に任せる
・地方にできることは地方が行う
・自由主義と資本主義を基本とする
・公正な競争は促進するが、普通に頑張れば普通に幸せな暮らしができる社会を目指す
・成長のための改革を実施するが、大量生産大量消費をやめて、市民生活の質を重視する
・地方再生の柱に自然エネルギーを位置づける
・軍事偏重の「積極的軍事主義」ではなく、真の平和主義に立脚した外交・安全保障政策を実施する

・集団的自衛権の行使は違憲であるとの立場を堅持し、認めない
・戦後の日本が70年かけて築いた平和な暮らしを誇りとし、これを守るために憲法9条改正に反対する（ただし、平和主義をより厳格に規定するために憲法改正について議論することを否定しない）
・海外で米国と一緒に戦う日本というイメージを払拭し、武器を使わず人道支援しかしない日本の平和ブランドを取り戻す
・情報公開を徹底的に進め、表現の自由、報道の自由を回復する

以上が、フォーラム4の掲げる基本理念です。

アメリカ的な弱肉強食の新自由主義的な社会よりも、ヨーロッパ的な分厚い中間層がいる社会の方が望ましいとする考え方で、社会民主主義的な政策を目指しています。

まとめ

戦争しない・改革する社会を

○成熟時代に即したボトムアップ型の政策が必要です
○格差を縮小し働く人々のために改革します
○分厚い中間層のいる社会を目指します

②日本の安全保障をどう考えるか

私は、安全保障関連法案には反対の立場をとりますが、では日本の安全についてどう考えているかお話ししましょう。

●専守防衛に徹し、近くは現実的に、遠くは抑制的に、人道支援は積極的に

安倍政権が進める安全保障政策は、「切れ目のない」という名のもとに「歯止めのない」自衛隊の海外での活動の拡大につながる恐れがあります。

これに対して、日本国憲法の基本理念である平和主義を貫き、「専守防衛に徹し、近くは現実的に、遠くは抑制的に、人道支援は積極的に」を合言葉として、国民の生命、財産、我が国の領土と領海を断固として守るというのが、私

図 29

安全保障政策 政府と民主党の比較

区分	政府	民主党
①集団的自衛権	**存立危機事態**で自国に武力攻撃が無い場合でも武力行使が可能	政府の**新三要件は歯止めがなく、意図的・便宜的な憲法解釈の変更で、立法事実を欠く**ので認めない
②周辺事態	**周辺の概念を撤廃**し世界中を対象にする。「現に戦闘行為が行われていない現場」へと活動を拡大	**周辺地域の概念を維持**する。また、「現に戦闘行為が行われていない現場」への拡大は認めない
③他国軍支援	**恒久法**で自衛隊の海外派遣の手続きを緩和する	**必要に応じて特別措置法**を検討する
④PKO活動	宿営地外の部隊同士を守り合う駆けつけ警護や、**治安維持も任務として追加**する	緊急の一時的措置として文民保護を行うが、**治安維持は任務としない**
⑤グレーゾーン事態	法整備を行わず、**運用で改善**する	**領域警備法を制定**する

●政府が進める安全保障法制は、総じて見て**「切れ目のない」という名の下に、「歯止めのない」自衛隊の海外での活動の拡大につながる**のではないかとの懸念がある

○これに対して民主党は、日本国憲法の基本理念である平和主義をつらぬき、**「専守防衛に徹し、近くは現実的に、遠くは抑制的に、人道支援は積極的に」**を合言葉として、国民の生命、財産、我が国の領土、領海を断固として守る

の考え方です（図29）。

安倍政権は、国際貢献や集団的自衛権の名のもとに、自衛隊をアメリカ軍に添わせ、世界中のどこにでも行って武力行使や後方支援を行わせたいと考えています。「周辺事態法」から「周辺」という概念をなくし地球規模の活動に広げたいのです。私は「周辺」という概念を堅持して、歯止めを残すべきだと考えています。

日本の周辺についても日米同盟と専守防衛の原則でしっかり守るのです。

●領域警備法を整備して「グレーゾーン事態」に対応する

外国軍による武力攻撃などの有事であれば、個別的自衛権によって自衛隊が反撃して日本を防衛しますが、実は今の制度のままでは、「グレーゾーン事態」には対応できないのです。「グレーゾーン事態」とは、軍事行動とは異なる日本の領海や離島などへの不法な侵入を指します。

安保関連法案は、日本から遠く離れた地域での自衛隊の活動に積極的ですが、足下のこうしたグレーゾーン事態に対して、政府は「電話閣議の導入」などの運用改善を表明するにとどまり、何ら法的な手当てがされていません。まったく現実的ではないのです。

日本の離島等で海上保安庁など警察機関の手に余る武装漁民等による侵害事案など、自衛隊による対処を余儀なくされる事態が現実的かつ切実な脅威として想定されている中で、これら武力攻撃に至らない事態、いわゆる「グレーゾーン事態」が生じたとき、自衛隊が治安出動または海上警備行動で対応するには現行法上次の3つの隙間があります。

1　治安出動や海上警備行動はその都度閣議による決定を経なければならず、一定の時間を要するため、この間に事態が悪化するおそれがある

2　治安出動や海上警備行動の発令に至るまでの間は、たとえ近辺に警察官や海上保安官がいないなど警察機関による対応が困難な場合であっても、自衛官は不審者に対して警察官や海上保安官が行うことのできる立ち入り検査や犯罪の制止などの行為を行えない

3　自衛隊法95条に定める武器等防護など例外的なケースを除いては、法律上、自衛官に武器使用の権限がない――。

こうした「時間」「権限」「武器使用」の３つの隙間を埋め、シームレスな対応を可能にすることこそが、国民の生命・財産、わが国の領土・領空・領海を確実に守るためには何より必要なことです。

そこで、有事とまでは言えないような「グレーゾーン事態」に対応できるよう、海上保安庁や警察、自衛隊の連携を強化して迅速に対応できるようにする新たな「領海警備法案」を提案しています。

広大な排他的経済水域を海上保安庁だけで見るというのは不可能です。警察機関が対応できない可能性のある区域を『領域警備区域』として事前に指定することで、公共の秩序維持には警察機関が第一義的に責任を負うという現行の枠組みを維持した上で、いざという時に警察機関と自衛隊がスムーズに連携できるように法制度化するものです。

●平和主義をより厳格に規定する改良改憲

私は、自民党の提唱するような「今の憲法は押しつけられたダメな憲法だから改正すべきだ」という立場には反対ですが、それでも憲法9条は改正する必要があると思っています。

というのも、自衛隊の存在について、憲法にきちんと位置付ける必要があると感じているからです。

「日本国は、自らの独立と安全を確保するため専守防衛の手段として自衛隊を保持する」

という一文が必要ではないでしょうか。

ポイントは、今の9条は読む人によってそれぞれ解釈が違ってしまい、それこそ集団的自衛権までよしとする勢力が現れてしまうことです。誰が読んでも同じ理解ができることが重要であると考えます。

「武力をもって紛争の解決手段としない」という現行憲法の考え方は堅持しつつ、ただし、自衛のための個別的自衛権を認め、そのための自衛隊の存在を明記するのです。

日本という国が戦後培ってきた「平和国家」というブランドは、他国からの尊敬を受けてきたはずですし、国際協調の場で大きな力になっていたのだと思います。これからもこのブランドを国際社会でアピールしていくべきだと考えます。

安保関連法案に対抗する形で、改憲論議も新しい流れが出てきました。これまでのように、改憲か護憲かではなく、第三の選択肢ともいえる提案です。

文芸評論家の加藤典洋さんは、「陸海空の戦力は一部を国土防衛隊、残りは国連の待機軍とし、交戦権を国連に移譲する」「外国の軍事基地は許可しない」という改正案を提起しています。東京外語大学院教授の伊勢崎賢治さんは「在日米軍基地が日本以外の国での武力行使に使われないようにする。集団的自衛権は行使しない。個別的自衛権の行使は日本の施政下の領域に限定」としています。評論家の田原総一郎さんは、自衛隊の存在や最低限の自衛権の行使を認める護憲的改憲を主張しています。

憲法については、私も異なる意見を持つ方と議論を深めていきたいと思っています。それは憲法が尊重されるべき大事なものだという思いがあるからです。ですから、憲法そのものをないがしろにする安倍政権の立憲主義否定の姿勢だけは断じて許すつもりはありません。

●東アジアの安定をつくる「スーパーグリッド構想」

安倍政権は、アベノミクス政策でも安保関連法案においても、アメリカ追従の姿勢を強く打ち出し、「これしか道はない」と強弁しました。アメリカが日本の同盟国であることは論を待ちませんが、アメリカ一辺倒では困るのです。ここ数年の近隣諸国との冷え切った関係は正常なものではありません。

したたかな安全保障政策とは、一方で仮想敵国に想定して守りに備えると同時に、他方では同じ国を友好国として捉え外交を通じて常に意思疎通を図ることです。両道が必要なのです。

理想的には東アジアにおいてもEUのような経済統合を目指すべきですが、

その第一歩として、エネルギーの供給をきっかけに日・韓・中・露・モンゴルを結ぼうという計画があります。「アジア・スーパーグリッド構想」と呼ばれるものです（図30）。

ヨーロッパではすでに、国と国の間でエネルギー（電力）を融通し合って、持ちつ持たれつの関係を作っています。それを東アジアで実現しようというものです。

日本は原料を輸入して自前で電力を生み出していますが、アジアにまたがる電力供給の輪を完成してしまえば、コストは格段に安くなるはずです。政治的に言えば、エネルギー面での協力から始めて、お互いの信頼関係を構築していく流れです。

ライフラインを他国に握られて危険だという声もありますが、ヨーロッパでは実際、国同士が険悪な状況になっても、電力供給を止めるということはありません。また、日本の全ての電力をこれでまかなうという訳でもないのです。

送電は距離が長くなると途中でロスする率が大きいと言われていますが、例

図 30

アジア・スーパーグリッド構想

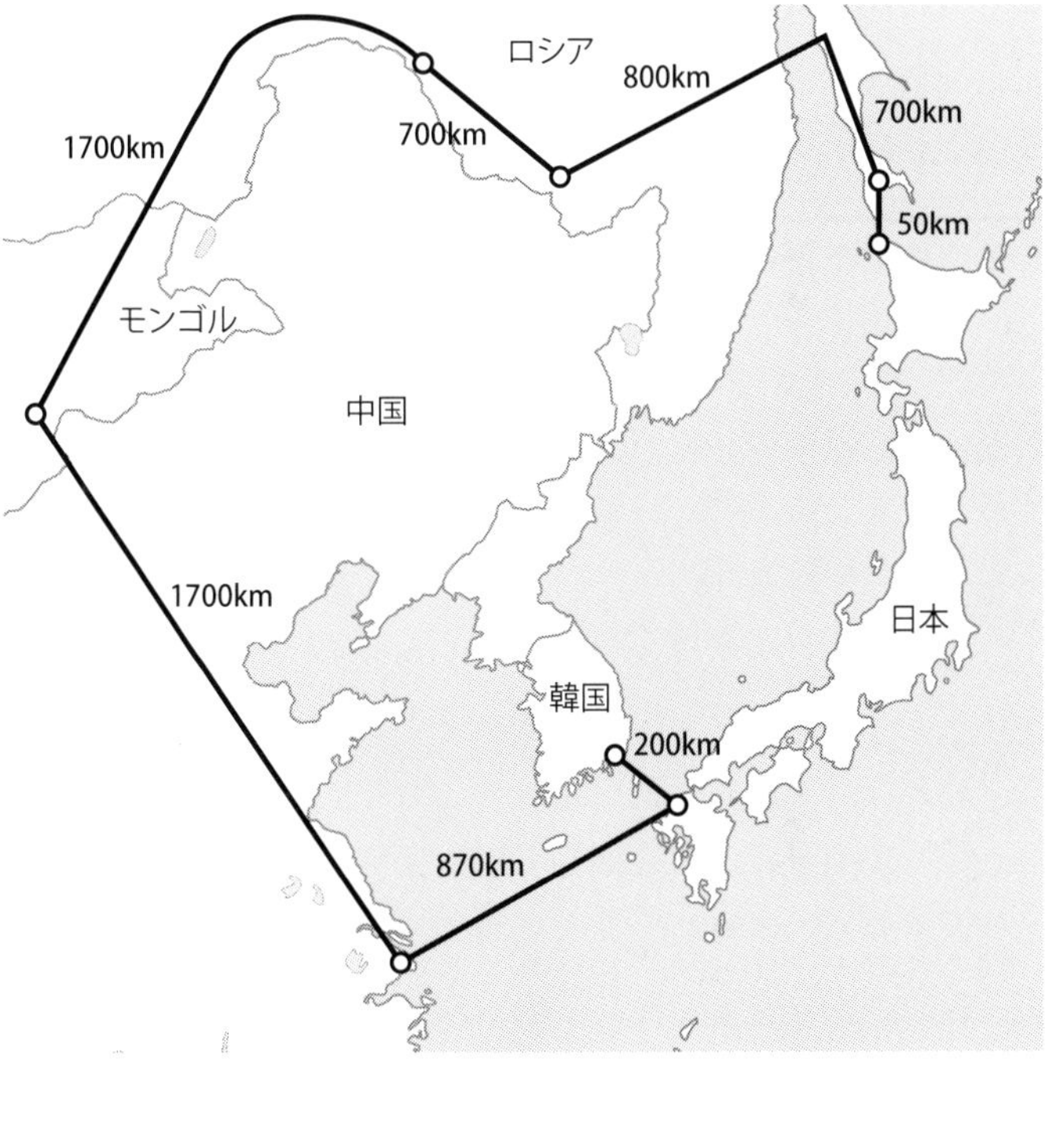

えばノルウェイとオランダを結ぶ線では、「直流高圧送電線」というものが使われており、実際のロス率は580キロの距離で1％しかないと実証されています。北海道北端とサハリンの距離が50キロですから、十分の一です。

●日本分割を救ったスリランカの大臣

この項の最後に、国際協調の大切さ、友人と呼べる国を持つことがいかに大事かについて述べたいと思います。

第2次大戦中、戦争が終わった後の日本について、本土についても分割統治する案が連合国の中で醸成されていました。それが次の図です。

これによると、北海道・東北はソ連が統治、関東、中部をアメリカが統治、四国を中華民国が統治、中国・九州をイギリスが統治、東京35区を米英ソ中が共同管理、近畿と福井県を米中で管理という予定でした（図31）。

実際には、分割統治がポツダム宣言と矛盾することや、米英中ソの様々な思惑が絡んで、本土の分割統治は避けられることになりました。

図 31

日本分割占領案

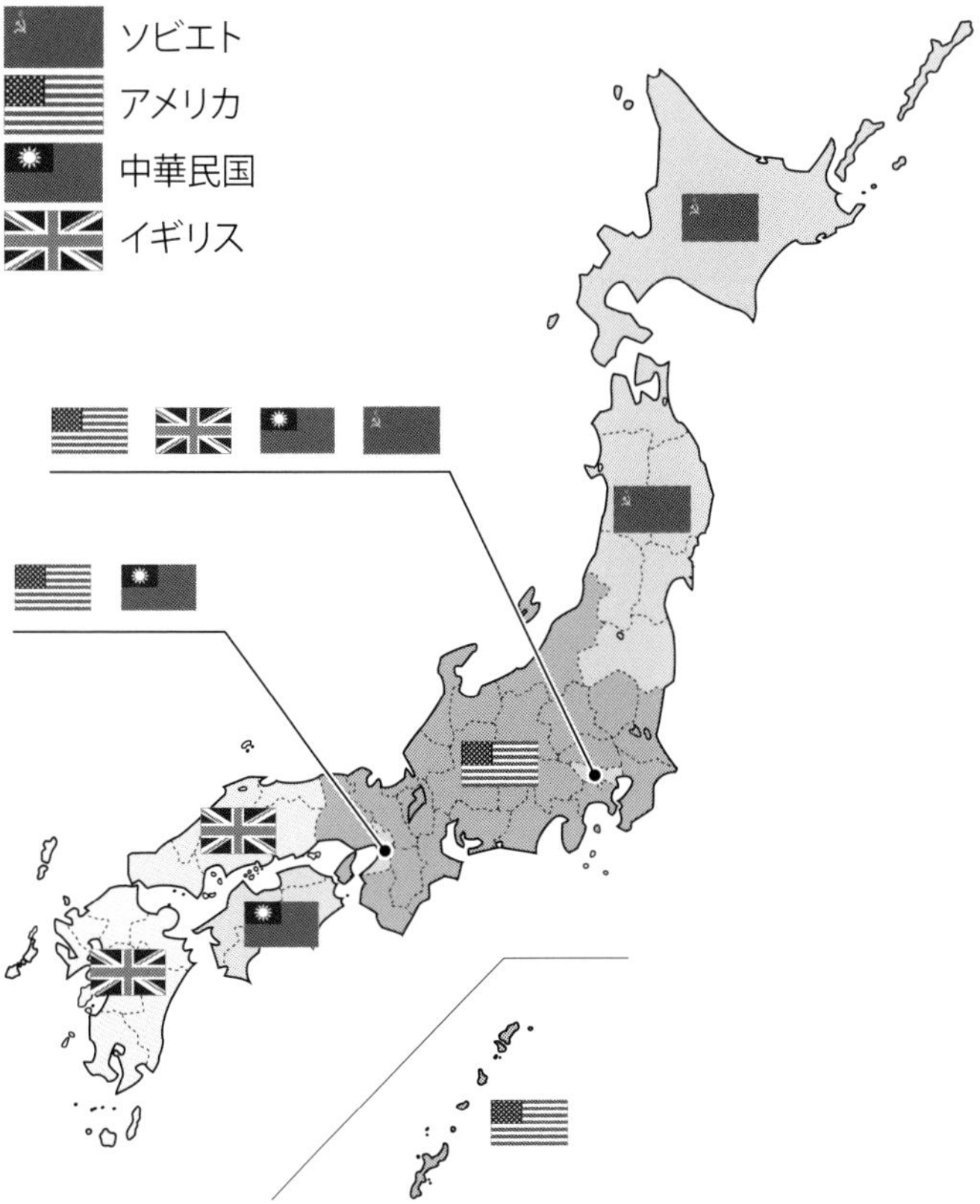

もしもこの本土の分割統治が実行されていれば、ドイツや朝鮮半島、ベトナムのように資本主義陣営と社会主義陣営に分断されてしまい、最悪の場合は朝鮮戦争やベトナム戦争のように、日本人同士が戦うという可能性もあったと思います。

この本土の分割統治案が廃案になったきっかけとして忘れたくないのが、サンフランシスコ講和条約におけるセイロン（現スリランカ）の代表、ジュニウス・リチャード・ジャヤワルダナ大統領（当時は財務大臣）による演説です。

敬虔な仏教徒であった彼は、「人はただ愛によってのみ憎しみを超えられる」というブッダの言葉を引用し、日本に対する賠償請求放棄を表明し、日本分割に反対しました。この平和的解決を望む演説が条約参加各国の賛同を得たことで、廃案に繋がる流れを生んだとされています。親日家であったジャヤワルダナ氏は、自分の死後、角膜の一つを日本人に譲るという遺言を残したことでも知られています。

まとめ　日本の安全保障をどう考えるか

○専守防衛に徹し、近くは現実的に、遠くは抑制的に、人道支援は積極的に
○領域警備法を整備して「グレーゾーン事態」に対応します
○平和主義をより厳格に規定する改良改憲を目指します
○エネルギー供給をきっかけに東アジアを結びます

③医療と介護、年金をどうするか

●医療改革をどうするか

社会の高齢化に伴って、社会保障費の増大をどうコントロールするかが問われています。医療費については、国民負担をこれ以上求められないことから、出ていくお金の適正化を図らざるを得ません。小泉内閣で2000億円の一律カットを行いましたが、そうではなく、必要なところには厚く、そうでないところはお金をかけない形がふさわしいと考えています。

これを厚生労働省主導の形で任せるのは無理があります。なぜなら、彼らにとっては予算が増えることが望ましいからです。予算が増えれば権限が増えて天下り先が確保されます。厚生労働省の関係団体も同様です。

しかし、彼らのパイが増えるということは、国民にとっては、税金や保険料が増えるか自己負担が増えるわけで、利害が相反する関係にあるのです。

財務省の主計局という予算を司る部署が、各分野での予算の使い方のどこに問題があるか調査しています。以下に掲げる図はその資料です（図32）。

現在の一般病棟のベッド数を表した図ですが、ご覧のようにカップ型になっています。一番上が患者さん7人に対して一人の看護師がつく高度急性期用のベッドで、これが最も多くなっています。最も高額の診療報酬を受け取れる形の病床を病院は作りたがるということです。

現実の患者数は、一般急性期、亜急性期、長期療養、高度急性期の順になっていますから、実態にそぐわない形で、無駄な診療報酬が払われていることになります。かえって軽症の患者さんの入るベッドが足りないというおかしなことになっています。

これは一例ですが、このような形で適正化を図ることで医療費の増大も抑えていけるのではないでしょうか。

図 32

現在の一般病棟入院基本料の病床数

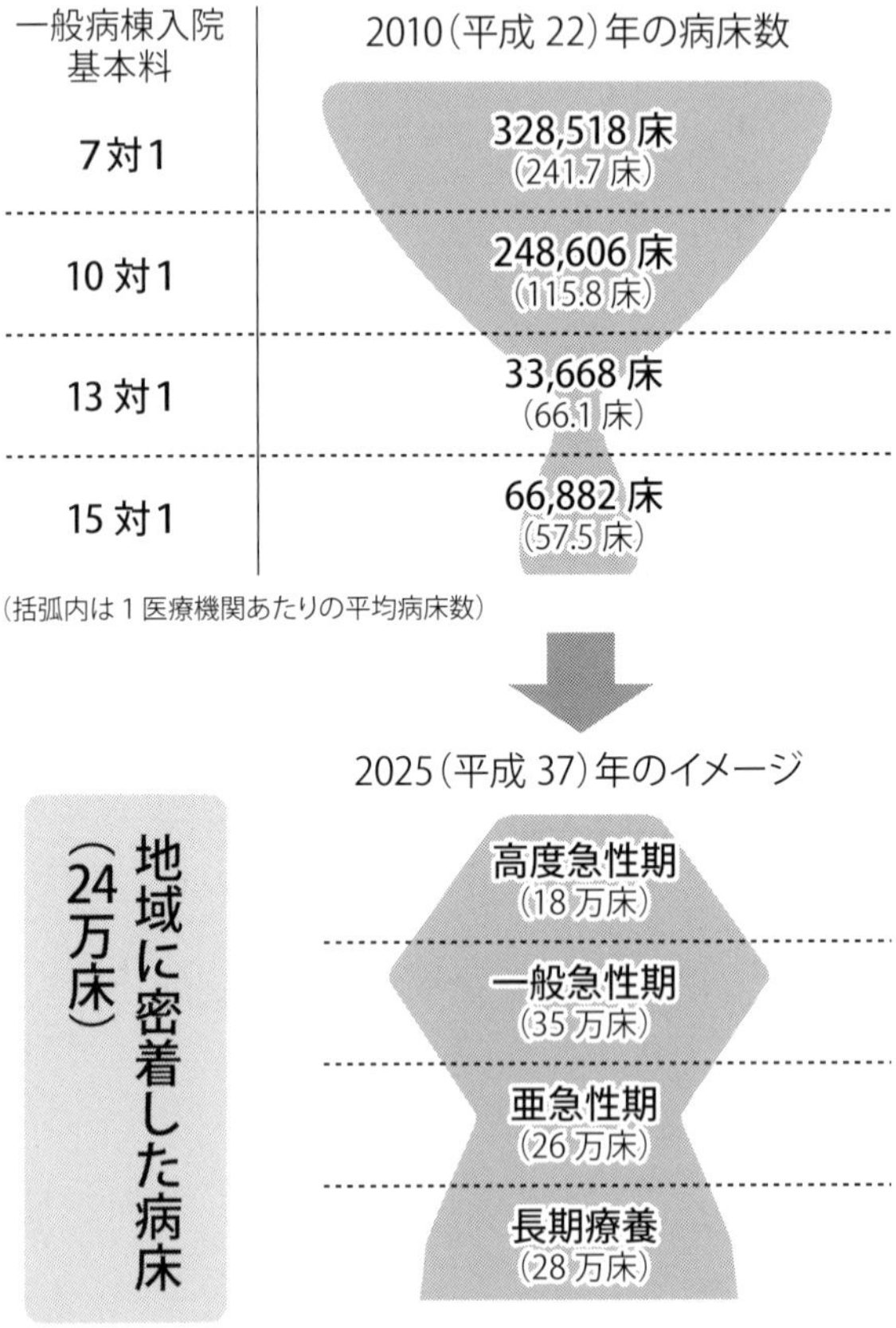

一般病棟入院基本料	2010（平成22）年の病床数
7対1	328,518床（241.7床）
10対1	248,606床（115.8床）
13対1	33,668床（66.1床）
15対1	66,882床（57.5床）

○届出医療機関でみると 10 対 1 入院基本料が最も多いが、病床数でみると 7 対 1 入院基本料が最も多く、2025 年に向けた医療機能の再編の方向性とは形が異なっている

ジェネリック医薬品の使用も医療費の適正化には必要です。ジェネリックとは、特許が切れた医薬品を他社が作成したもので、後発医薬品とも言われます。ジェネリック医薬品の普及はアメリカ、イギリス、ドイツなど各先進国で進んでおり、アメリカ92％、イギリス73％、ドイツ83％といずれも70％を越えています（2013年10月～2014年9月 年平均・数量ベース）。一方、日本におけるジェネリック医薬品の普及率は46・9％に留まっています（2015年9月）。

財務省の資料によれば、ジェネリックに変えることで医療費を1兆3千億円程度削減できるとの試算があります。

●介護難民を出さない

2000年に介護保険制度が発足して、すでに15年経ちます。いま介護の現場は、人手不足と介護報酬の引き下げで、悲鳴が上がっています。

第2次アベノミクスで、「介護離職者をゼロに」というフレーズが出てきた

図 33

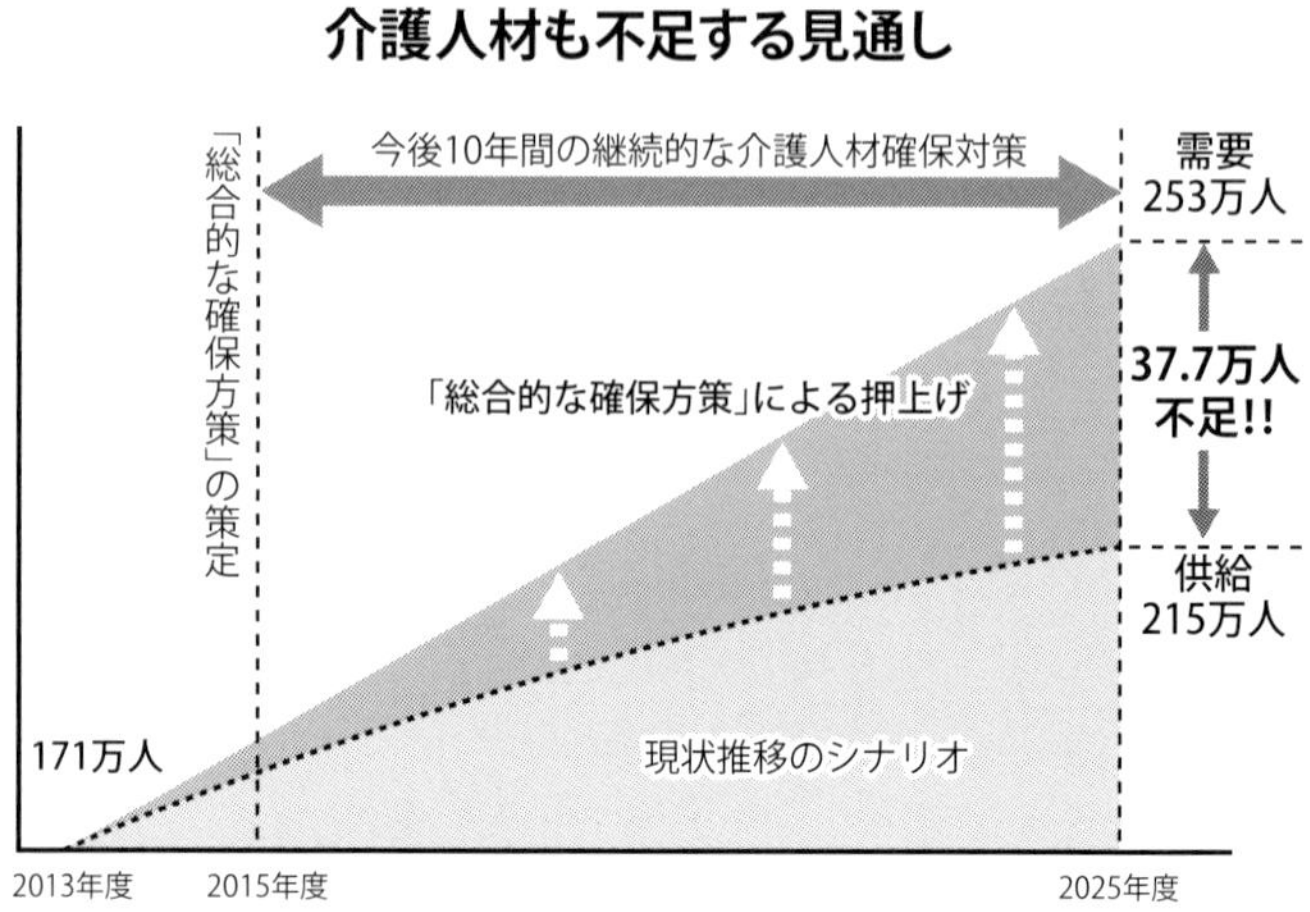

ときに、介護職の方たちは、これでやっと自分たちが報われる制度ができるのかと喜んだそうです。実際には、「家庭の介護が原因で会社を辞めなければならない人をゼロにする」という意味だそうです。

実は２０１４年に、厚生労働省の担当者とディスカッションし、本当に介護人材が足りるのかどうか議論しました。その甲斐あってか、厚労省もデータを精査し、現実的な数字を出すに至りました。

今でさえ人が不足している状況ですが、これから10年かけて、その不足数は飛躍的に伸びていきます（図33）。

介護人材は確実に不足するのが目に見えているのですが、安倍政権のとっている政策は、介護報酬を減らして、働く人の賃金を下げ、介護事業者を潰す方向に向かっています。

介護難民を出さないためにも、介護士の処遇改善と現場での人材確保支援が必要です。

国内での介護人材の不足を見越して、２００８年から日本とインドネシア、フィリピン及びベトナムとの間で締結された経済連携協定に基づき、インドネシア人・フィリピン人・ベトナム人の看護師・介護福祉士候補者の受入れがなされましたが、当初の目論み通りにはいきませんでした。一定期間内に試験に合格しないと日本では働くことができないというハードルが立ちふさがったのです。

介護に限らず、将来の日本の労働力不足を指摘する声があり、海外からの労働者を受け入れるべきとの意見もあります。国民的な議論が必要な問題だと思います。

その際に大切なのは、もし外国の方を受け入れるにしても、単なる労働力としてみるのではなく人権に配慮し、お互いがＷＩＮＷＩＮの関係になるような形を作るべきだと考えています。

●公的年金の世代間格差をこのままにしてよいのか？

世代間で、医療・介護・年金を含めて、自分が払った保険料と将来返ってくるサービスの現金価値を比較した資料があります（図34）。

これは10年前に経済財政白書に掲載され、あまりにショッキングな内容のために、以後こうした資料は作られていません。

当時、60歳以上の人は平均寿命をまっとうしたと仮定すると、平均で自分が負担した保険料よりも４８７５万円多く返ってきました。これが世代を経るごとに減っていき、当時の30歳代（現40歳代）以下では完全にマイナスに陥っています。

学習院大学教授の鈴木亘氏は、もっとショッキングなシナリオを指摘してい

図 34

負担した額と受益する額 世代間でこんなに違う

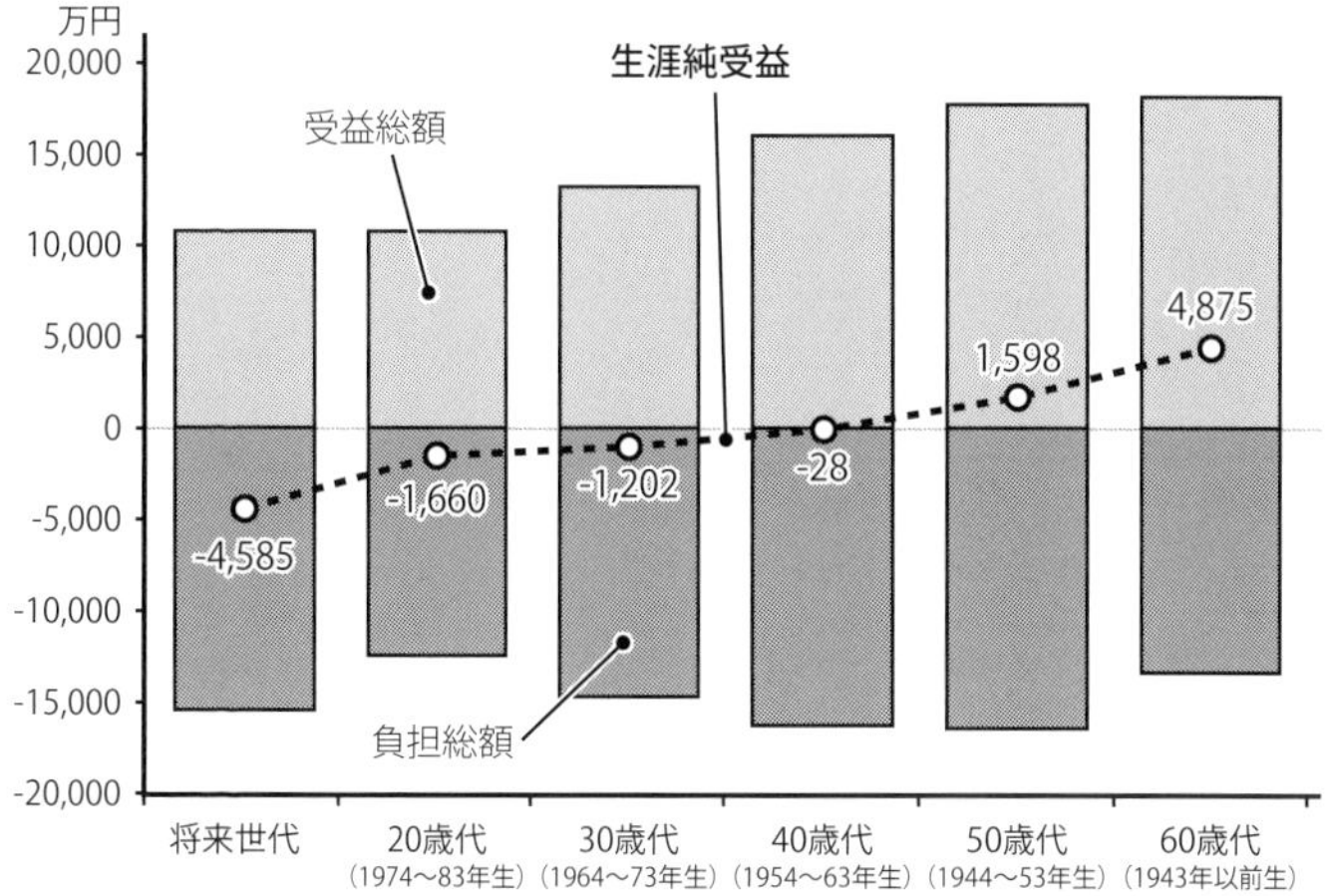

ます。

鈴木教授は公的年金の財政試算をして、２０１２年以降の株高を勘案しても、年金の将来は厳しいと予測しています。２０１６年度以降の経済前提として利回り２・５％、物価上昇率を１％という現実的な数字で試算したところ、厚生年金の積立金は２０４０年度、国民年金の積立金は２０４１年度に枯渇するというのです（図35・図36・図37）。

２００９年の年金改革の際に、自民・公明党政権は「公的年金は１００年安心」と胸を張りました。厚労省は積立金を１００年かけて取り崩し、現役世代の

図 35

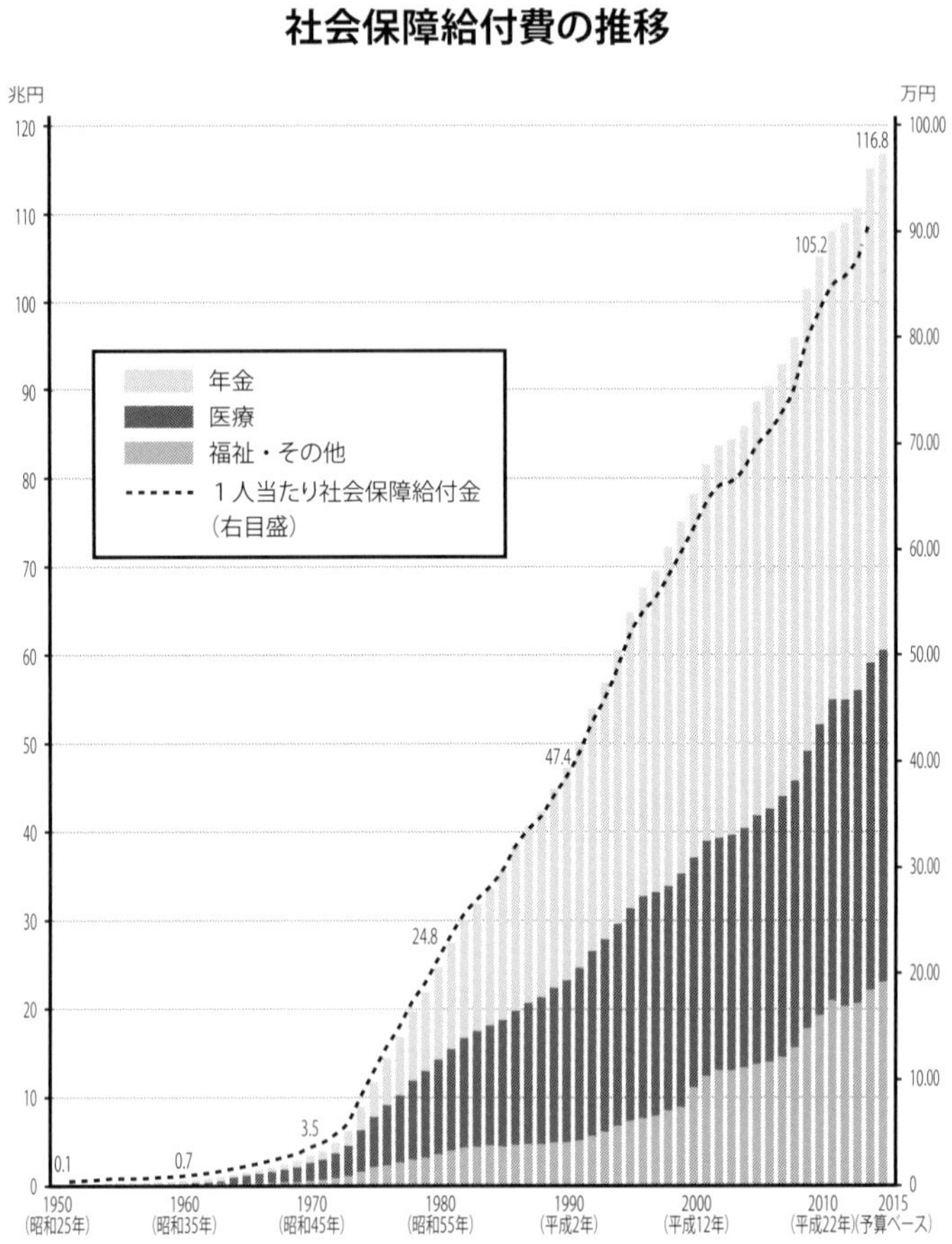

（厚生労働省 HP より）

図 36

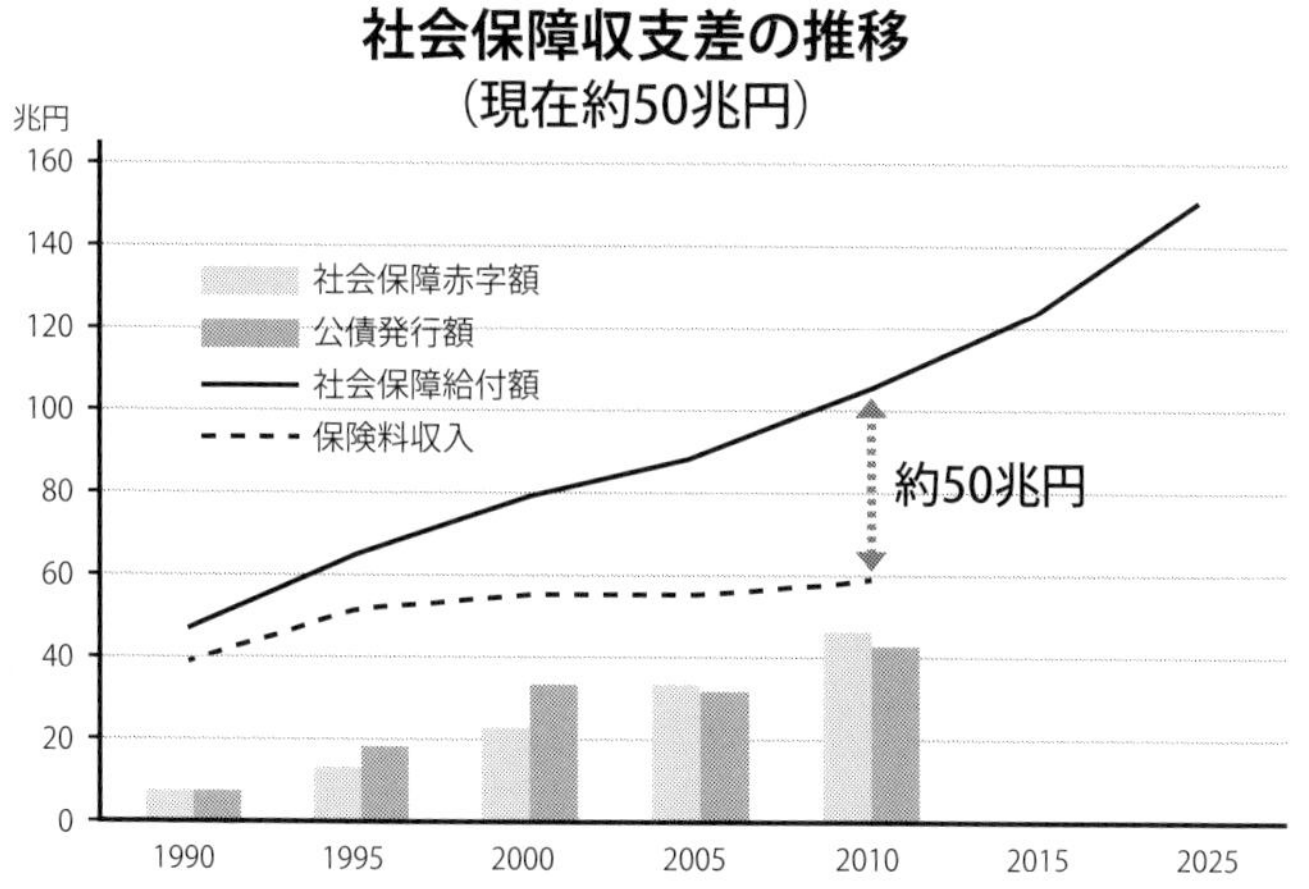

(出典)：国立社会保障人口問題研究所「社会保障費用統計」(各年版)、財務省「財政統計」(各年版)

図 37

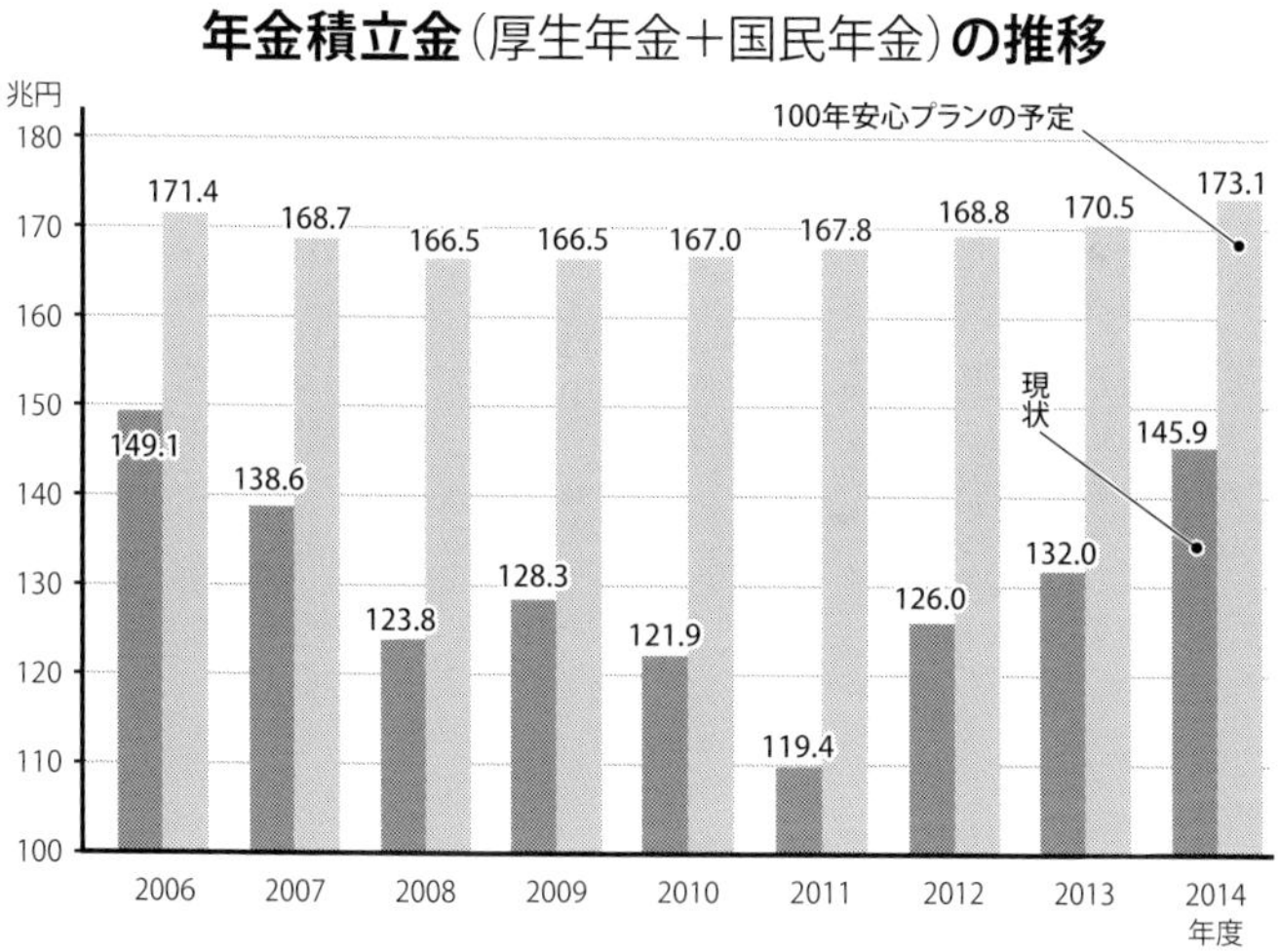

収入の50％の年金給付を維持しながら制度は存続すると言っていたはずです。

鈴木教授によれば、社会保障費は年3兆円ずつ増加し、この20年の間に経済は成長しないにもかかわらず社会保障費だけは倍増しており、保険料の料率を引き上げても収入増につながらないとしています。また現在の世界最速で進む高齢化が今後も100年続くと予想し、高齢者と現役の比率がそのまま負担増へとつながると指摘しています。

その結果、将来年金受給者に対して支払わなければいけないと想定される金額と現在の積立金の差額が「1000兆円」に達している、つまり隠れた債務が1000兆円発生しているというのです。

鈴木教授はこの事態に対して次のような提案をしています。
1　この1000兆円の債務は清算事業団方式でいったん棚上げして、100年かけて処理をする
2　年金を賦課方式から積み立て方式に移行する
積み立て方式とは、若い頃に納付した保険料を積み立てて老後にそれを取り

崩して年金を受け取る方式です。

また、世代間格差の解消として、1000兆円の債務処理に「年金目的の新型相続税」というアイデアを提唱しています。若者世代のために相続資産の一部を返却するという考え方です。

現在の年金制度の問題は、高度経済成長時代にできたビジネスモデルを、低成長でパイを分け合う時代に当てはめようとしていることです。右肩上がりで経済が成長して、皆が正社員で、給料が上がって、保険料も増えて、利回りも確保できていた時代には、賦課方式（高齢者に掛かるほぼ全費用を現役世代が負担すること）は機能したのですが、いまはすべてが逆です。

私も、年金制度の安定的な運用と世代間格差の解消につながる鈴木教授のアイデアに基本的に賛成します。

●増税ができない社会の特徴――現金よりも現物給付へ

なぜ日本では増税ができないのかについて研究している人がいます。増税ができない社会の特徴として、慶応大学教授の井手英策氏は、国民の社会への信頼度の低さを挙げています。

自分と同じように他人も税を負担しているかどうかの「お互いへの信頼」、払った税が社会の役に立つように使われていることへの「政府への信頼」、過去の人の付けが回されていないかという「世代間の信頼」という三つの信頼感が醸成されていないと、国民は増税に対して拒否反応を示すというのです。

「社会を信用しますか」というアンケートで、信頼しますという人が43%、信頼しないという人が53%で、実はかなりの日本人が社会に対して不信を抱いているようで、アジアの中では信頼度が最低であり、他国との比較でもそれが際立っています。

このような中で、低所得者層と中・高所得者層の間での所得階層間での意識の対立が問題になっています。

日本は、現金で納税して現金でサービスを受けるケースが多いのが特徴です。生活保護、子ども手当、奨学金、消費税の還付…などなど。そうなると、中・

高所得者層が多く税金を払って低所得者が現金を受け取るという構図になりがちです。

低所得者の数が少ない時代にはそれほど問題にはならなかったのですが、非正規社員の増加に見られるように、低所得者層が増えるに従い、そういった所得階層間の対立意識が出てきているようです。

もともと低所得者層は賃金が少ないことから、社会から還元されているという意識が希薄です。一方、中・高所得者層は自分たちの税金が自分たちのために使われていないのではないかという不公平感があります。日本全体の中で受益感に乏しい状態が生まれていると言えます。

受益感の乏しい社会が、増税を受け入れるのは考えにくいことです。

私は、これまでの現金によるサービス給付を現物給付に改める必要があると感じています。低所得者を救済するという発想から、人間の必要を満たすためのサービス（ユニバーサルサービス）へと発想を切り換えていくべきでしょう。

現物給付とは、例えば生活保護を受けている人に家賃を現金で渡すのではなく、借り上げたアパートなり住宅を供与する方法もあります。小学校から高校まで、公立私立を問わずすべての子どもの教育費も無料にするべきです。学校給食も無料にすべきです。

等しくサービスを受けられるという意味では、すべての人に受益感が感じられるので、税の負担にも不公平感がなくなるのではないでしょうか。

まとめ　医療と介護、年金をどうするか

○適正化を図ることで医療費の増大は抑えられます

○公的年金の著しい世代間格差解消に取り組みます

○納税者の不公平感を解消するべく、現金給付から現物給付への転換を提案します

④将来世代につけを回すな

●奨学金の問題と学生の苦境——貸与型から給付型へ

大学生の奨学金問題が大きくクローズアップされています。私の時代にも苦学生という言葉がありましたが、今の大学生は桁違いに経済的な負担を背負っています。

日本は、子ども一人当たりの教育支出が高い反面、教育に対する公的支出の水準が低いのですが（図38）、この30年間、国公立も私立も授業料は右肩上がりに上がり続け、保護者や学生本人の負担は増えるばかりです（図39）。

文部科学省が公表している国立大学と私立大学の授業料等の推移で、30年前の親世代が大学生であった1982年（昭和57年）と2012年（平成24年）

図 38

高等教育費の学生負担 軽い順ランキング

負担の軽い順	公費などの負担率（%）
1　スウェーデン	80.81
2　フィンランド	63.69
3　オランダ	57.36
4　ベルギー（フランダース語圏）	43.91
5　アイルランド	43.44
6　ベルギー（フランス語圏）	39.88
7　オーストリア	34.30
8　ドイツ	33.42
9　フランス	31.26
10　イタリア	28.49
11　カナダ	26.40
12　オーストラリア	21.33
13　アメリカ	20.91
14　イギリス	17.48
15　ニュージーランド	14.80
16　**日本**	**13.15**

（出所）：Global Highen Education Rankings,2005.Educational Policy Institute. より

図 39

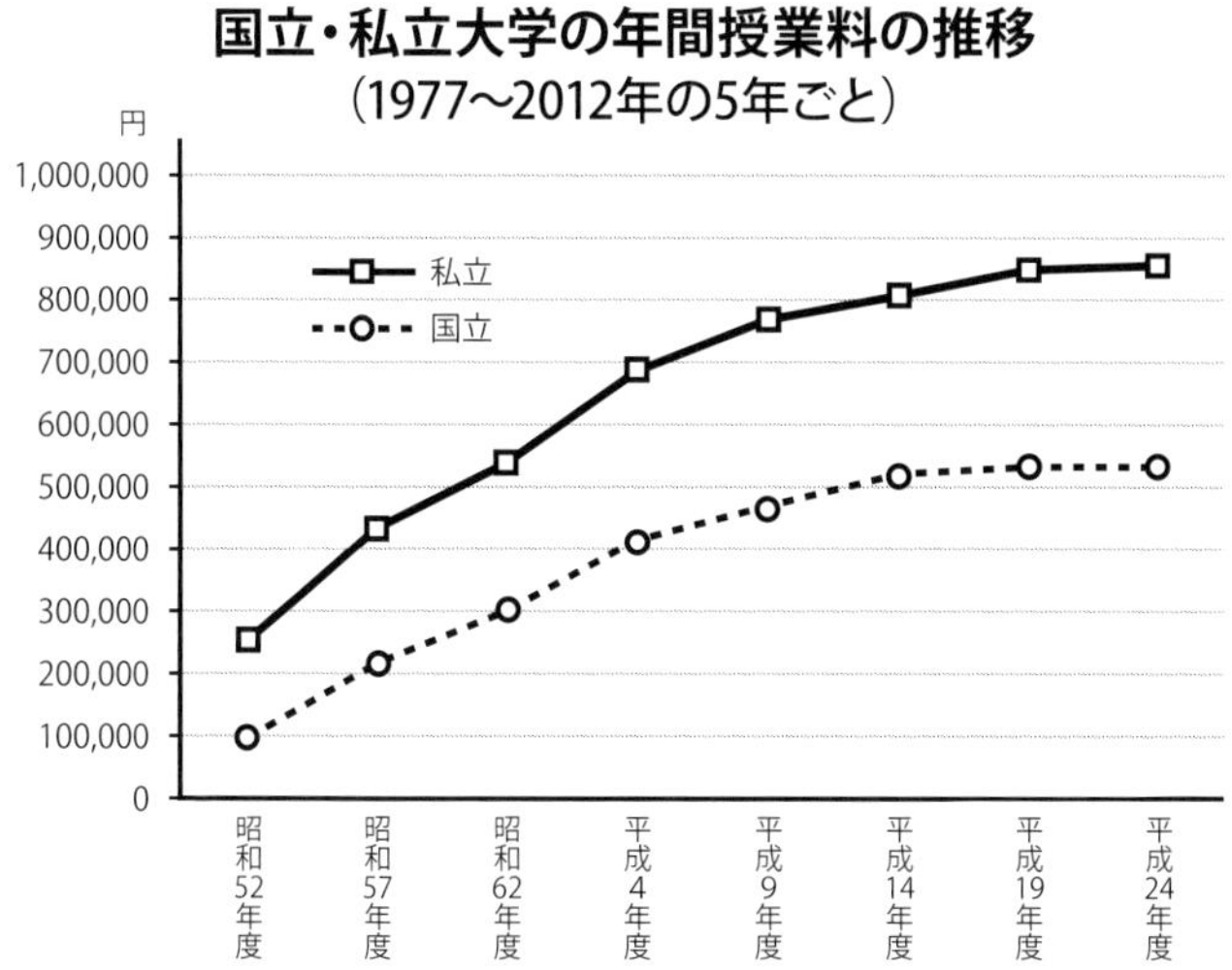

の授業料を比較してみましょう。

国立大学で21万６０００円から53万５８００円へと2・5倍、私立大学で43万３２００円から85万９３６７円へと2・0倍に増加していることがわかります。

一方で、個人の平均年間給与はこの30年間で、２８９万円から３５２万円へと約１・２倍の増加にとどまっており、いかに大学にかかるお金が負担となっているかが分かります。

この授業料の過重負担が大学生の生活を脅かしています。その代表がブラックバイトと奨学金です。

現在大学生である子どもたちの親は、おおむね家庭からの仕送りによって学生生活を満喫することができましたが、40代、50代になった彼らは、バブル崩壊後の賃金低下の影響を受け、自分たちの子供を楽に大学に行かせられるほどには稼げなくなりました。しかも見たとおりの授業料の高騰です。

この15年間で奨学金を受けながらアルバイトで生活費と学費を稼ぐ学生が激増しました（図40）。

これについて、文部科学省は「意欲と能力のある学生等が経済的理由により修学を断念することなく、安心して学べるよう、充実を図ってきています」と誇らしげですが、その実態は貧しさに付け込んだ「貧困ビジネス」と言われても仕方がありません。

もともとの学費を極限まで値上げしておいて、金利のつく借金を子どもたちに背負わせているのが実情です。今の若者は、大学を卒業し社会に出る際に、すでに何百万もの借金を背負っているのです。これを本当に返済できるのは、一部上場企業など恵まれた会社に就職できた人だけでしょう。

図 40

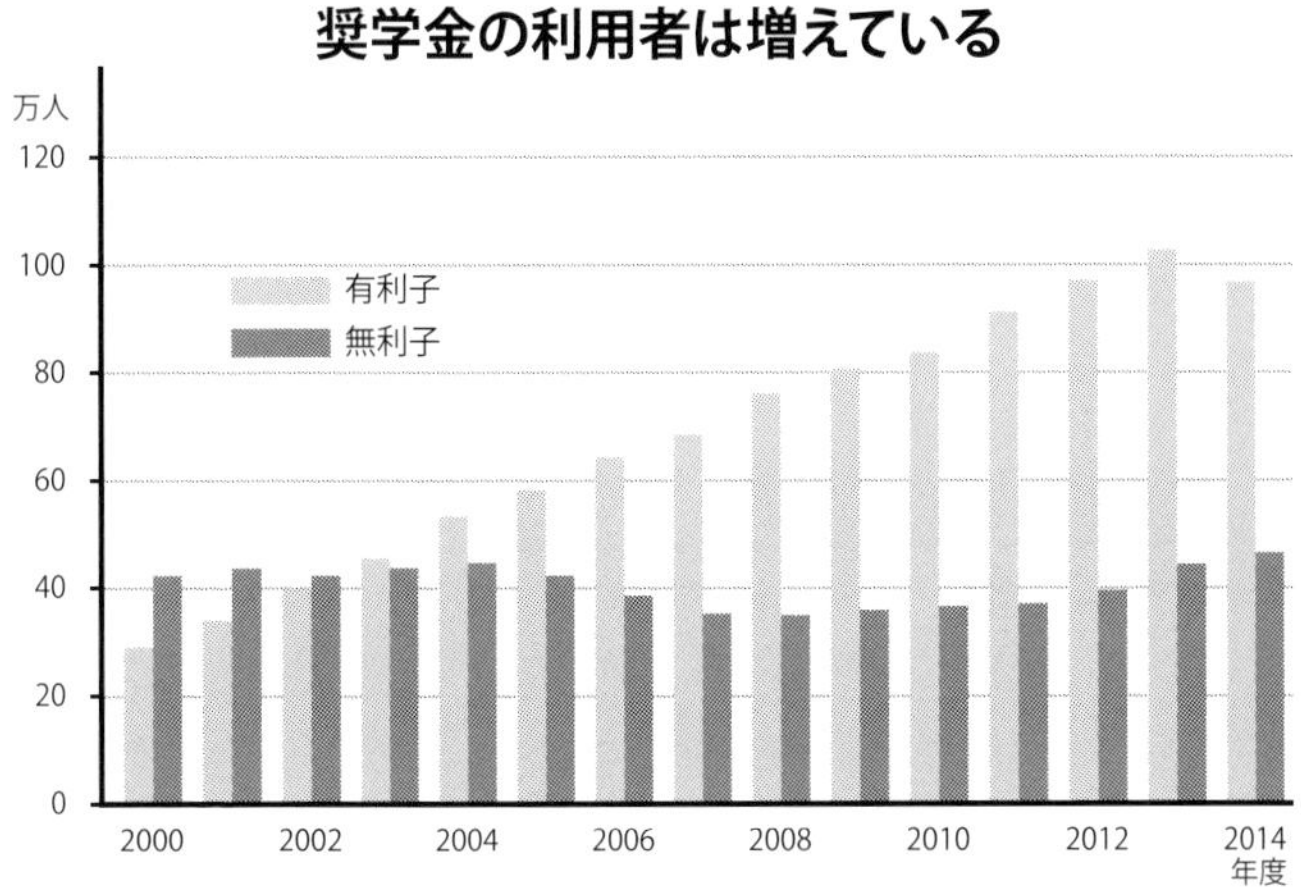

（注）：日本学生支援機構の貸与者、文部科学省の予算ベース

ブラックバイトの横行も、その背景には高い授業料があります。アルバイトのために授業に出ることができない、試験が受けられない、はては就職試験にも行けないという、転倒した状況があるのをご存知でしょうか。

２０１５年11月に公表された厚労省の調査では、アルバイトをしている学生の60・５％が、労働条件に関する何らかのトラブルを経験していると答えています。トラブルが多いのは飲食店やコンビニ、塾などですが、アルバイトに正社員並みの仕事を負わせて、学生たちを責任感によって縛っているケースが多いようです。

対して学生たちは、ブラックバイトであることを認識しつつも、新しいアルバイト先を探すことの困難さを考慮して、ぐっと我慢しているのです。

まず、授業料を無料にするか先進国並みに引き下げるべきです。その上で、現在の奨学金制度を、貸与型中心から返済の必要のない給付型に切り替えるべきでしょう。若者が背負うのは国の未来です。借金を背負わせてはいけないのです。

社会へのスタート地点で経済的な足かせをはめてしまうと、社会的な使命を感じてＮＰＯやＮＧＯに就職する若者や独立して起業しようとする若者の夢を潰しかねません。

●深刻な子供の貧困

日本の富裕層は上位１％で全所得シェアの10％を占めるに至っています。これは２０１２年のＯＥＣＤの数字ですから、現在ではこの数字はもっと大きく

図41

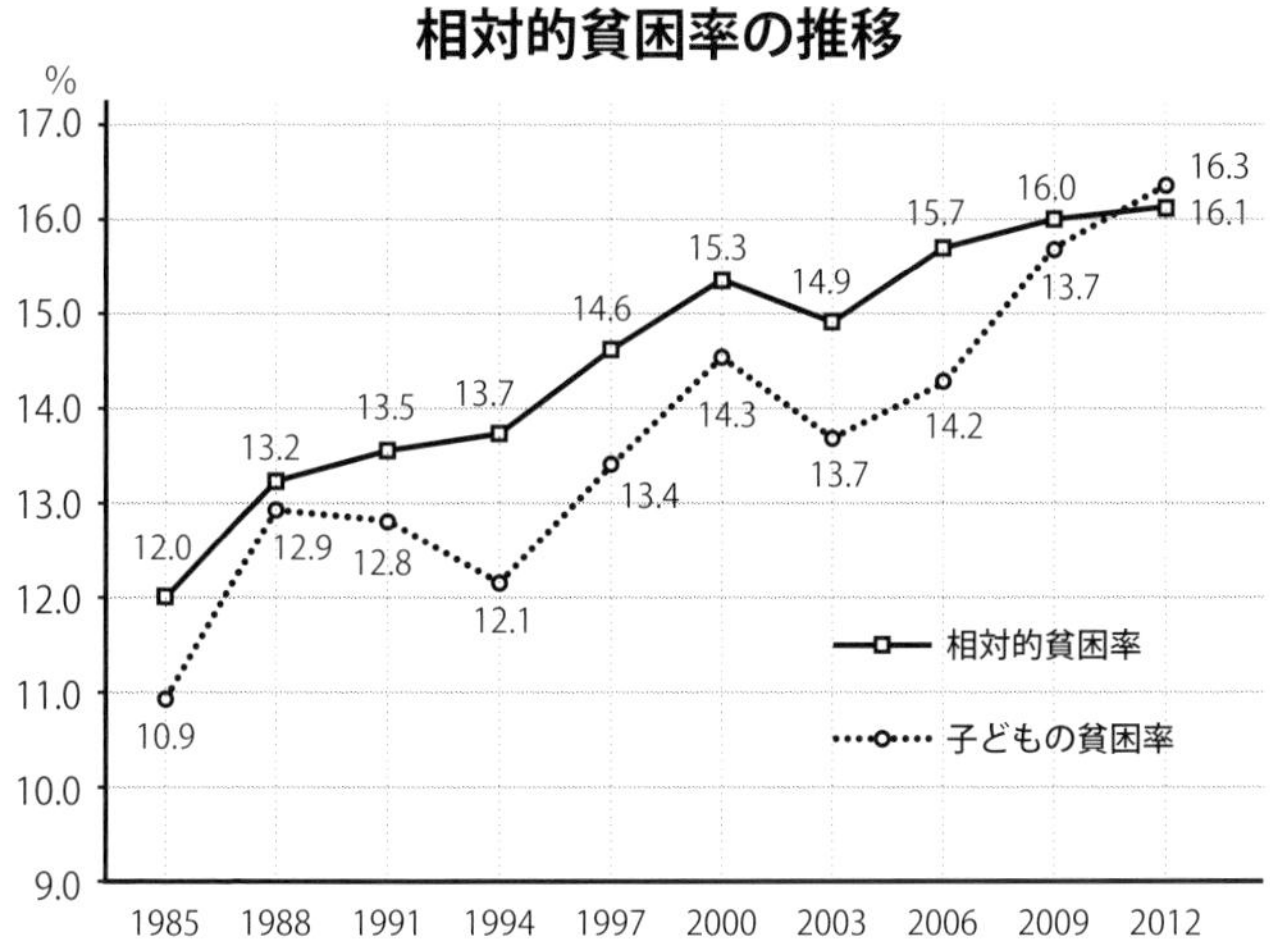

なっているかもしれません。アメリカほどではありませんが（上位1％で全所得シェアの20％）、日本も少数の富裕層に富が集中し、中流と呼ばれる層が薄くなり、中～低所得者層がボリュームを膨らませています。

経済成長ができない時代に、経済的成功に価値を見出す社会では、必然的に大多数の人が敗者にならざるを得ないのです。

この格差社会で最も深刻なのは、子どもの貧困が蔓延している状況です。

グラフは相対的貧困率と子供の貧困率の推移を表しています（図41）。

日本をはじめ先進諸国には、飢餓に苦しむような絶対的貧困層が存在しないことから、貧困問題については「相対的貧困率」を用いて議論します。「相対的貧困」とは、人間らしく生活するためには社会の通常レベルの生活レベルから一定距離以内の生活レベルが必要であるという考え方に基づき、この一定レベル以下の生活を貧困と定義しています。

相対的貧困率は、手取りの世帯所得を世帯人数で調整し、中央値の50％以下を貧困としたものです。

２０１２年を例にとると、等価可処分所得の中央値が２４４万円なので、その半分の１２２万円が貧困線となります。国民の16％がこの年間可処分所得１２２万円以下で暮らしているということです。同じく子どもの貧困率も16％を超えており、およそ６人に１人が相対的貧困家庭で育っているのです。これはＯＥＣＤ加盟国34か国中９番目に悪い数字です。

しかも、子どもの貧困はシングルマザーの家庭に集中しています。貧困家庭の53％がひとり親家庭なのです（図42）。

図 42

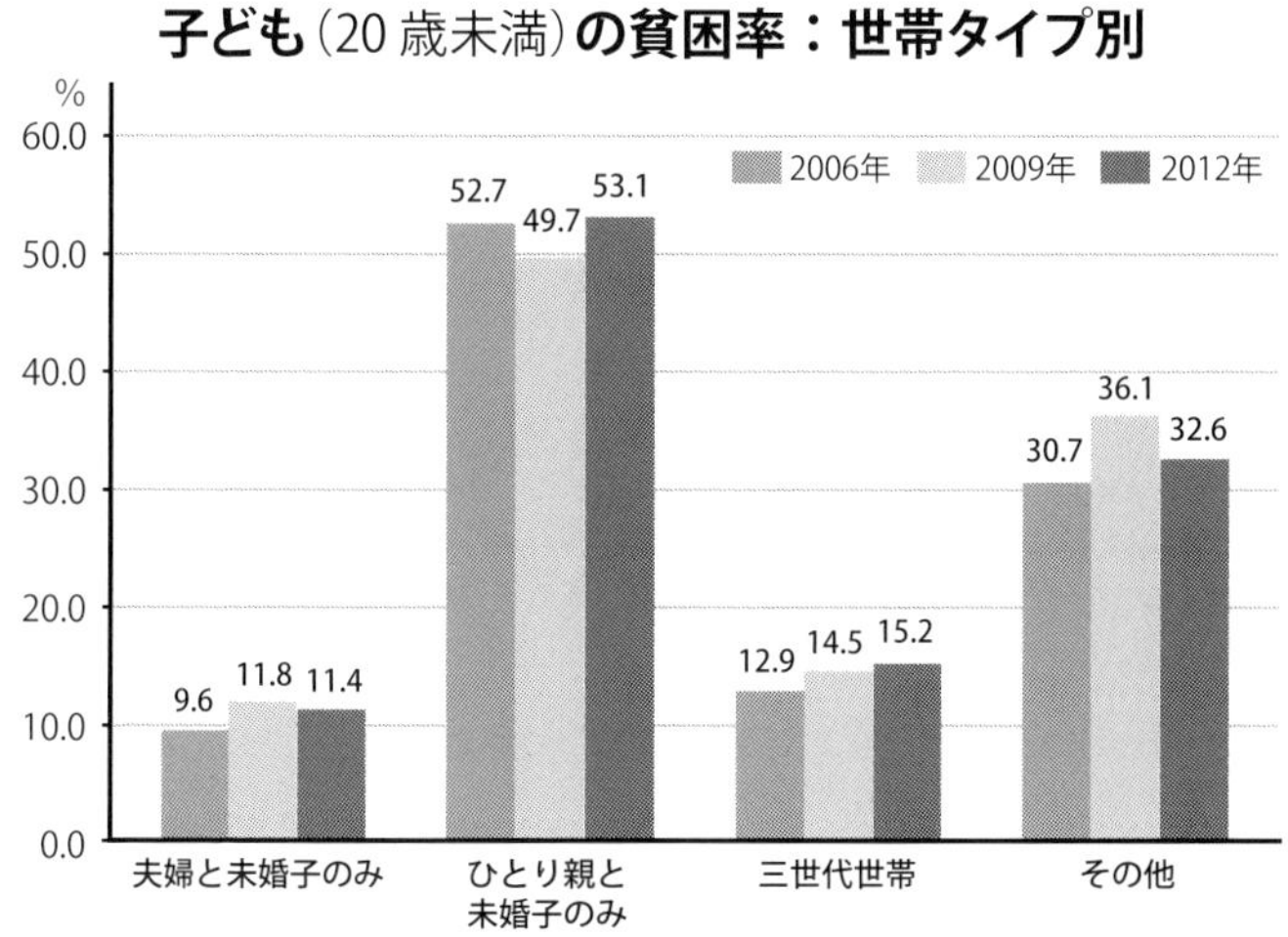

２０１１年の全国母子世帯等調査によると、母子世帯は全国で１２３・８万世帯、父子世帯は22・３万世帯と推計されています。父子世帯の67％が正規職員であるのに対し、母子世帯では39％にとどまり、多くはパートやアルバイトで家計を支えています。

就労による収入では母子世帯では父子世帯のちょうど半分となっています（図43）。

●子どもの貧困を救う取り組み

格差社会とは、貧富の差が世代を超えて受け継がれてしまう社会のことです。

図 43

ひとり親家庭の主要統計データ
(平成23年全国母子世帯等調査の概要)

		母子世帯	父子世帯
1 世帯数(推計値)		123.8万世帯	22.3万世帯
2 ひとり親になった理由		離婚80.8% 死別7.5%	離婚74.3% 死別16.8%
3 就業状況		80.6%	91.3%
	うち 正規の職員・従業員	39.4%	67.2%
	うち 自営業	2.6%	15.6%
	うち パート・アルバイト等	47.4%	8.0%
4 平均年間収入(母又は父自身の収入)		223万円	380万円
5 平均年間就労収入(母又は父自身の就労収入)		181万円	360万円
6 平均年間収入(同居親族を含む世帯全員の収入)		291万円	455万円

(出典):平成 23 年度全国母子世帯等調査
※上記は、母子又は父子以外の同居者がいる世帯を含めた全体の母子世帯、父子世帯の数。母子のみにより構成される母子世帯数は約 76 万世帯、父子のみにより構成される父子世帯数は約 9 万世帯。(平成 22 年国勢調査)
※「平均年間収入」及び「平均年間就労収入」は、平成 22 年の 1 年間の収入

日本は高度経済成長時代には、貧困から抜け出し中間層へとシフトする層が多くいましたが、バブル崩壊後、階層間での富の流動化が失われ、貧富が固定化されているという指摘があります。

『子どもに貧困を押しつける国・日本』の著者である山野良一氏によれば、日本の子どもの貧困には次のような特徴があります。

1　継続的な貧困率の上昇
2　貧困家庭における就労率の高さ
　（ワーキングプアが多い）
3　ひとり親家庭の貧困率の高さ
4　母親（女性）の貧困

5 乳幼児の貧困率の高さ

6 所得再分配機能が働かない

子どもの貧困は、端的に「食」に表れます。口にするものは1日1回の給食のみという子どもや、夜ご飯はおにぎり1個かカップ麺という子どももいます。給食のない夏休みに痩せてしまう子どもの話とか、「欠食」について新聞記事を目にされた方も多いと思います。

先日、歯医者さんから聞いた話ですが、小学校の歯科検診に行くと虫歯で歯がボロボロの子どもが増えているそうです。「歯医者さんに行って治しなさいね」というのですが、次の年に行くともっとひどくなっている。親が歯医者につれていく時間がない、お金もないということで子どもが放置されていることを嘆いていました。

貧困は、当事者の努力によってはどうにもできない側面が多々あります。ましてや子ども自身は、自分の境遇について声を上げることができません。

そこで今、各地で子どもの貧困に手を差し伸べようと、民間レベルで様々な取り組みがなされています。特に貧困状況にある子どもたちに対して、低価格や無料で食事を提供する「子ども食堂」の試みが、東京や大阪をはじめとして各地で行われています。

民主党では、子どもの貧困を解決するために、これらＮＰＯ法人の方たちに来て頂いて勉強会を開きました。

例えば、ＮＰＯ法人豊島子どもＷＡＫＵＷＡＫＵネットワークでは、以下のような活動の報告がありました。

・遊ぶサポート（プレーパーク）
・学びサポート（学習支援、日本語勉強会）
・暮らしサポート（こども食堂、夜の児童館）
・ひとり親サポート（食料支援、衣服リサイクル、ピアサポート）

そして次のような提言を頂いております。

1　現場で当事者の親子に有機的に関わる

2　貧困状況の子どもの支援者を増やす

3　行政に提言していく（子どもの代弁）

報告された理事の方は、ご自分を「おせっかいなおばさん」とおっしゃっていましたが、身内でもなければ学校関係者でもない地域の「おせっかい」な方たちが、なんとか子どもたちを救おうとしているわけで、本当に頭が下がります。

行政の支援はどうしても公平性に縛られるけれども、自分たちNPOはそのあたりを柔軟に対応できるともお話してくれました。

お話しをうかがって、核家族化が極限まで進んでシングル世帯も増える中、子育ての担い手として改めて地域社会がクローズアップされていることも感じました。

私は、政策的にサポートできるアイデアとして、働いているけれども賃金の低い、いわゆるワーキングプアの家庭に対して、国が補助していくべきだと考えています。イギリスやアメリカでは「勤労税額控除」として既に制度化されています。日本の貧困家庭は、就労率が高いのが特徴です。就労者への補助によって、働くお母さんを支えるとともに、働くことへのモチベーションアップにもつながることで、生活保護受給者を減らす取り組みにもなります。

まとめ　将来世代につけを回すな

○若者に借金を負わせないように奨学金は貸与から給付へ
○子どもの貧困は、地域・行政・政治が協力して取り組む問題です
○働くお母さんへの賃金補助を提案します

エピローグ

日本と大阪を元気に！

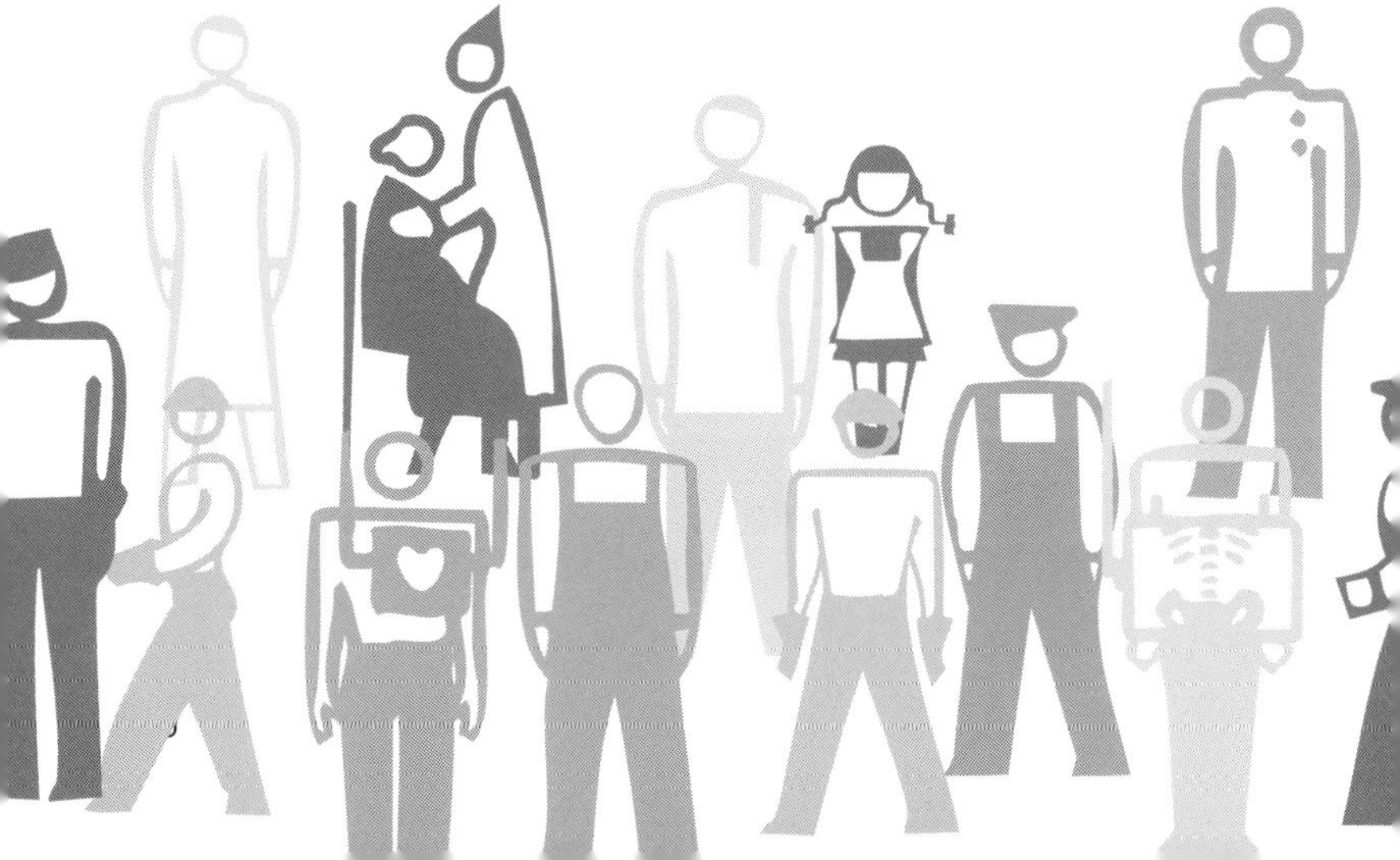

最後に、大阪や日本を元気にするために私が考えているアイデアをお話ししましょう。

先日「県別ランキング」という本を見て大変驚きました。大阪の悪い面がデータで実証されていたからです。

生活保護受給者数、児童虐待件数、救急車出動件数、性犯罪件数、小学生の読書率などがワーストワンで、子どもが育つ環境としては非常に悪い場所になっています。

大阪の政治的混乱が続いた結果、足元がガタガタになっているというのが私の感想です。

東京一極集中では日本に活力が生まれません。西の拠点として大阪が活性化することで地方にも元気が出てくるのです。

①観光で日本を、大阪を元気に

うれしいことに、日本を訪れる外国人観光客の数がぐんぐん増えています。

２０１３年の世界の観光客到着数ランキングを見ると、日本は26位と、観光立国というには程遠い数字でした。そこで２０１４年7月に、政府は外国人観光客の数を２０２０年に２０００万人までにするとしていましたが、その目標は２０１５年には達成できる見込みで、２０２０年には３０００万人を超えるものと見込まれています（図44・図45）。

他国の数字がどう変わるかわかりませんが、３０００万人であればベスト10に入ってくることになります。

問題は、こうした外国人観光客の増加に対して、受け入れ態勢が整っている

図 44

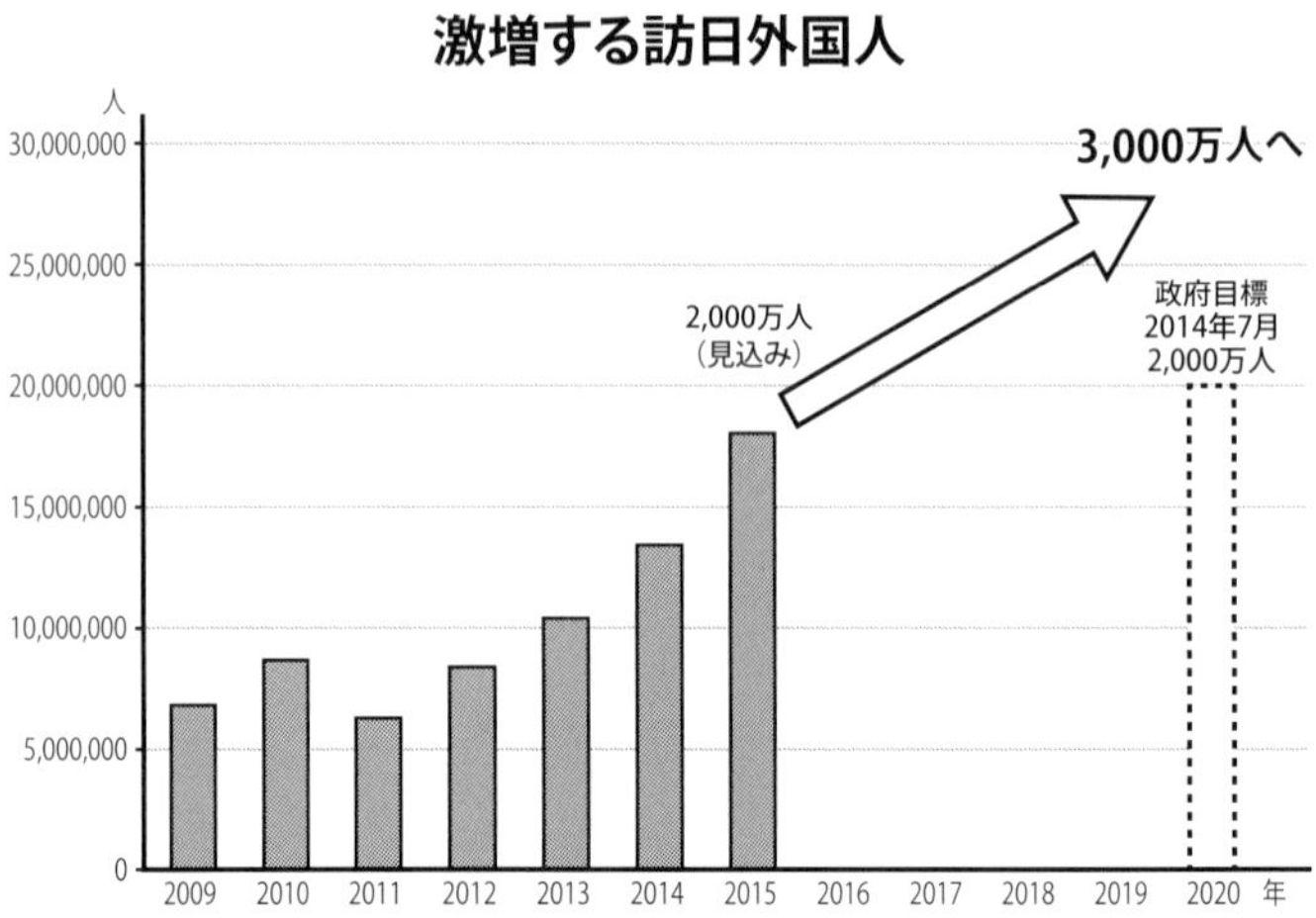

のか、あるいは将来的に整える準備ができているかどうかです。

一例を挙げると、外国人を迎える税関の職員数が足りていないのが現状です。観光客が増えるメリットの裏側には違法な薬物などの持ち込みが増えるというリスクがあるので、治安の維持という点からも、早急に何とかしなくてはならない課題です（図46）。

税関（C）と入国管理（I）と検疫業務（Q）が水際での大切な業務ということで、CIQ体制を整備していますが、追い付かない状況です。

また、外国人の方にたくさん来ていた

図 45

世界観光客到着数ランキング

順位	国名	観光客数（万人）	人口（万人）	人口あたり観光客数（%）
1	フランス	8,473	6,611	128.2
2	アメリカ	6,977	32,070	21.8
3	スペイン	6,066	4,646	130.6
4	中国	5,569	136,930	4.1
5	イタリア	4,770	6,079	78.5
6	トルコ	3,780	7,770	48.6
7	ドイツ	3,155	8,093	39.0
8	イギリス	3,117	6,480	48.1
9	ロシア	3,079	14,627	21.1
10	タイ	2,655	6,510	40.8
11	マレーシア	2,572	3,044	84.5
12	香港	2,566	726	353.3
13	オーストリア	2,481	858	289.2
14	ウクライナ	2,467	4,291	57.5
15	メキシコ	2,415	12,101	20.0
16	ギリシア	1,792	1,099	163.0
17	カナダ	1,659	3,570	46.5
18	ポーランド	1,580	3,848	41.1
19	マカオ	1,427	64	2,242.7
20	サウジアラビア	1,338	3,152	42.4
21	オランダ	1,278	1,692	75.6
22	韓国	1,218	5,134	23.7
23	シンガポール	1,190	547	217.5
24	クロアチア	1,096	427	256.7
25	ハンガリー	1,068	985	108.4
26	日本	1,036	12,691	8.2
合計		74,821	284,044	（平均）26.3

（出所）：世界銀行の 2013 年データより作成

図 46

税関職員の定員の推移

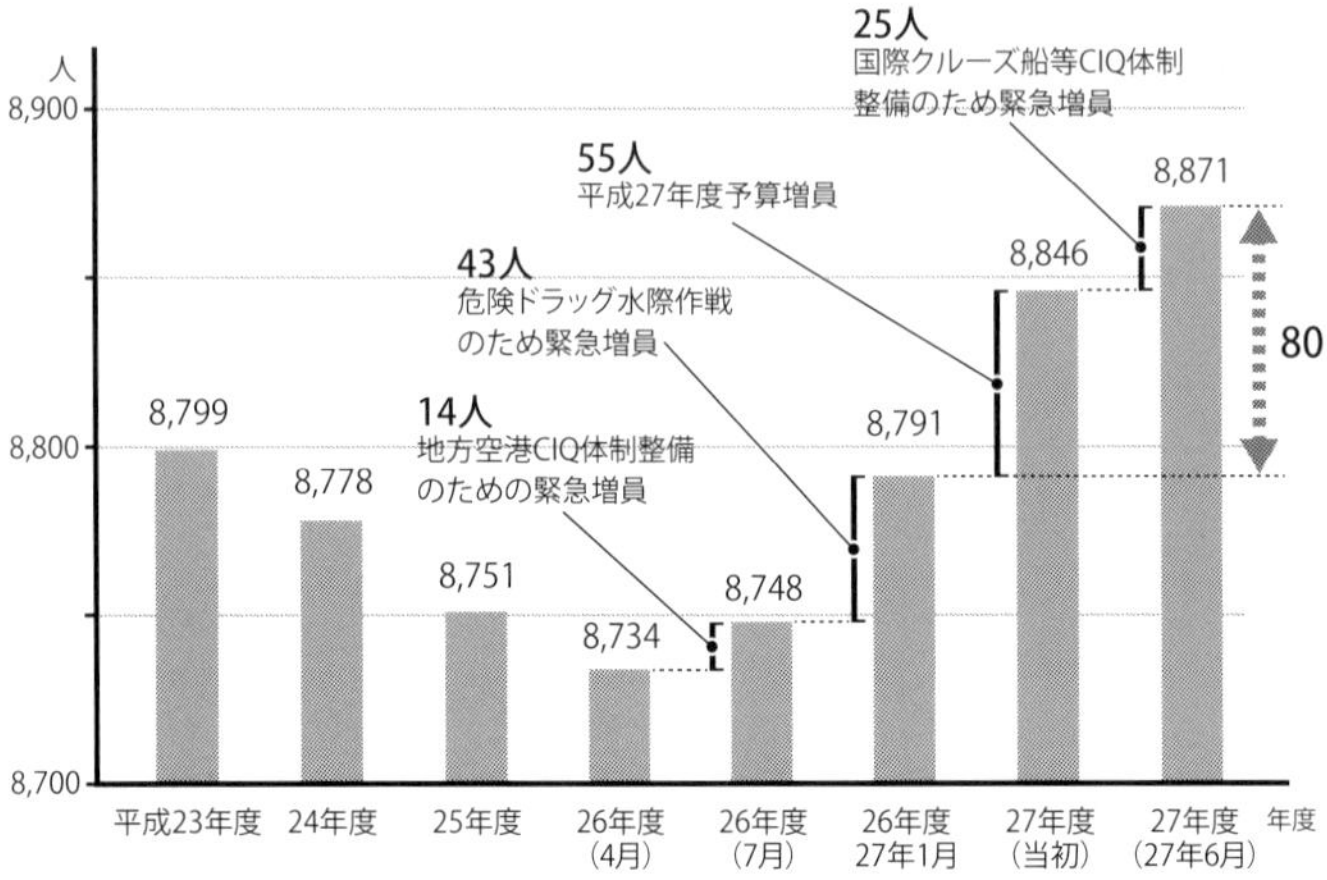

だくと同時に、日本に来てたくさん消費してくれる長期滞在型のリッチな外国人観光客を増やすことも考えなければいけません。

大阪に目を向けると、京都・奈良・神戸という人気のある歴史的な観光地の起点でもあり、ポテンシャルは非常に高いと言えるでしょう。

京都は欧米系の観光客に人気ですが、大阪は中国人をはじめとするアジア系の方々に人気があります。ＮＨＫの番組で外国人に日本のクールなものを挙げていただいたところ、13位に大阪人気質がランクインしていました。あけっぴろげで楽しいところが受けているのでしょう。

これまで大阪は、対東京という意識が非常に強かったのですが、これからはアジアに開いた国際都市として伸びていくのがいいのではないかと考えています。

いい印象を持って帰っていただくために、まずは空港でのより快適な入出国業務を整備したいものです。また、街全体でのおもてなし感の醸成も必要でしょう。東京ではオリンピックに向けて外国人をもてなすボランティアを募集育成中です。大阪でも学生を主体にボランティア組織を充実していくことが求められてくるでしょう。

宿泊施設も現状足りているとは言い難い状態です。民泊も視野に入れた宿泊施設の充実は急がれますし、これからはリッチな外国人に対応して上級な部屋数を増やすことが必要になってきます。

その昔、政治は江戸、経済は大坂という時代がありました。堺が自由都市として栄えた歴史も持っています。大阪を、アジアに開かれた活気のある街にしていくために、これからもどんどん、提言していきたいと思っています。

まとめ

観光で日本を、大阪を元気に

◯大阪をアジアに開かれた国際都市に
◯リッチな観光客に対応できる宿泊施設の充実が急務

②大阪を「容積率の緩和」で元気に

大阪を元気にする方法として、「容積率の緩和」を提案します。

容積率とは、敷地面積に対する建物の延べ床面積の割合のことで、この容積率が緩和されることで延べ床面積が広げられるので、一言でいえば建物の高層化が可能になります。

お隣の韓国では、１９９７年のＩＭＦ危機をきっかけとして容積率を倍にした建設ブームがあり、韓国経済はそれを梃子に持ち直すことができました。

香港では日本とは正反対に新築は20階建て以上にしなければならないという制限があり、超高層化が進んでいます。

大阪には、古い耐震基準で建設され老朽化したマンションが約20万戸あるのですが、なかなか建て替えが進んでいません。容積率の緩和が進むと、入居者や入居テナントが増えてその分収入も増えるので、建て替え費用や出ていく人の補償金がまかなえて建て替えがスムーズに進むのです。

古いマンションの建て替えを容易にするために、私たちは「マンション建て替え法」という法律を作りました。1970年以前に建てられた旧耐震基準の古いマンションについては、建て替え要件を緩和して容積率も緩和した法律です。これがようやく動き始めるのですが、まだまだ十分ではありません。

この容積率の基準を、国土交通省の権益にせずに、地方自治体に移譲するべきだというのが私の考え方です。大阪にはまだまだ上に伸びる余裕があるのです。ぜひ、容積率緩和で水と緑が溢れる大阪にしたいものです。

まとめ

大阪を容積率の緩和で元気に

◯容積率の基準を地方自治体にまかせるべし。大阪はまだまだ伸びる！

おだち 源幸（おだち　もとゆき）

1963年生まれ。慶應義塾大学経済学部卒業。

税理士、公認会計士、行政書士。

アーサー・アンダーセン（現・あずさ監査法人）、尾立村形会計事務所、産業医科大学非常勤講師などを経て参議院議員（2期目）。

元財務大臣政務官、元参議院財政金融委員会委員長、元事業仕分け人。

元財務大臣政務官が語る！
アベノミクスの正体
—安全保障と経済政策を国民の手に取り戻す！—

2016年2月15日　第1刷発行

著　　者　おだち 源幸
発 行 人　出口汪
発 行 所　株式会社 水王舎
東京都新宿区西新宿6－15－1
ラ・トゥール新宿511　〒160－0023
電　　話　03-5909-8920

装　　丁　福田 和雄（FUKUDA DESIGN）
イラスト　村田浩一
本文DTP　エムツーデザイン
編集協力　土田 修
印刷・製本　中央精版印刷

ISBN978-4-86470-035-1